U0903285

云南民族文化保护传承与创新发展“双十”工程丛书

总主编 / 段钢　　副总主编 / 李若青　高登荣

壮乡世外桃源

——云南省文山壮族苗族自治州广南县坝美镇坝美村

执行主编　曾昭富

副 主 编　夏云华

王山山

民族出版社

《云南民族文化保护传承与创新发展“双十”工程丛书》编委会

《壮乡世外桃花源——云南省文山壮族苗族自治州广南县坝美镇坝美村》编纂委员会

《壮乡世外桃花源——云南省文山壮族苗族自治州广南县坝美镇坝美村》编纂办公室

主　　任：陆炳辉　中共广南县委统战部副部长
　　　　　　　　　广南县民族宗教局局长
副 主 任：李海兵　广南县民族宗教局副局长
　　　　　陶根礼　广南县民族宗教局副局长
　　　　　保耀飞　广南县民族宗教局副局长
学术指导：李若青　云南民族大学教授
成　　员：曾昭富　夏云华　王文明　季浪　陆维祥
主　　编：曾昭富
副 主 编：夏云华　王山山（云南民族大学）
编目设计：曾昭富　夏云华
撰　　稿：曾昭富　夏云华
摄　　影：夏云华　曾昭富　兰天明　广南县旅游局等相关单位
电脑录入：胡英俊
编　　务：廖智欣　李荣香　王金来　李鸿聪　罗少帅
　　　　　谢蔷薇　唐仕娇

古树粗藤

夏云华 图/文

如织古木话苍桑
扎根沃土寿延长
似揽粗藤相缠存
装点桃源名芬芳

总序

习近平总书记指出:“一个国家、一个民族的强盛,总是以文化兴盛为支撑的。没有文明的继承和发展,没有文化的弘扬和繁荣,就没有中国梦的实现。”[①]“优秀传统文化可以说是中华民族永远不能离别的精神家园”[②];“文明只有姹紫嫣红之别,但绝无高低优劣之分”[③]。中华文化就是通过不断汲取各种文明养分而丰富和发展起来的。民族的也是世界的,只有了解其他文化,我们才能更好地认识中华文化,更好地领略人类文明的博大精深、丰富多彩。“各美其美,美人之美,美美与共,天下大同”[④]正好诠释了“民族文化基因是中国梦的魂与根”[⑤]。

文化作为一个民族的精神、价值载体,也是一个国家的软实力。中华民族多元文化正是中华民族大家庭灿烂文明的体现,是各民族发展能力的重要组成部分。文化的流失现象往往伴随着经验知识和传统智慧的流失。因此,对现代化发展进程中少数民族文化不断流失的文化现象,需要从文化遗产的角度实施保护。其目的并不在于保存某种文化形式,而在于保护和传承其中所蕴含的文化价值。对少数民族优

① 习近平:《习近平系列重要讲话读本:创造中华文化新的辉煌——关于建设社会主义文化强国》,载《人民日报》,2014-07-09(15)。

② 习近平:《习近平党校十九讲》,124页,北京,中共中央党校出版社,2015。

③ 习近平:《深化文明交流互鉴 共建亚洲命运共同体》,载《人民日报》,2019-05-16(02)。

④ 费孝通:《人的研究在中国——个人的经历》,载《读书》,1990(10)。

⑤ 叶小文:《民族文化基因是中国梦的魂与根》,载《光明日报》,2014-09-24(01)。

秀文化的保护、传承、创新、发展，是党和国家民族政策、文化政策的重要内容，因此，必须坚持“保护为主、抢救第一、合理利用、传承发展”的原则，积极开展文化保护工程，以推动各民族文化保护、传承、创新、发展取得实效，铸牢各民族共有精神家园、铸牢中华民族共同体意识的思想基础。

少数民族文化作为中华文化的重要组成部分，是社会主义文化建设的重要内容。只有各民族文化百花盛开、万紫千红，社会主义文化百花园才能繁花似锦、春光满园；保护传承少数民族文化，是推动少数民族和民族地区经济社会又好又快发展的迫切需要。文化作为推动经济社会的重要力量，少数民族文化是支撑民族地区经济发展的优势资源，是促进民族地区社会进步的强大动力。新时代，我们更应充分发挥少数民族文化资源优势，大力发展文化事业和文化产业，解放和发展文化生产力，为推动民族地区经济社会更加充分发展、实现全面建成小康社会奋斗目标提供强大动力；创新繁荣少数民族文化，还是构建各民族共有精神家园的迫切需要。文化是民族生命力、凝聚力和创造力的重要源泉。文化的发展推动民族的发展，文化的繁荣推动民族的繁荣。我们应着力发挥民族文化的凝聚力，采取更加有力的措施，大力保护和弘扬少数民族优秀传统文化，共同守护中华民族精神家园，强化中华文化的认同感，增强全民族精神力量和中华文化的自信力，为实现中华民族伟大复兴提供强大精神文化支撑。

云南省地处祖国西南边陲，东部与贵州省、广西壮族自治区为邻，北部同四川省相连，西北隅紧倚西藏自治区，西部同缅甸接壤，南同老挝、越南毗连。云南生活有 25 个世居少数民族、15 个特有民族、16 个跨境民族、8 个人口较少民族，是全国少数民族种类最多、世居民族最多、特有民族最多、人口较少民族最多、民族自治地方最多的边疆省区。多年来，云南各民族多元文化成就了云南多彩的风情，民族文化精神凝结了各民族的团结和谐，民族文化的繁荣助推了经济社会的发展……“各美其美，美人之美，美美与共”已成为云南民族文化发展观。在云南从文化大省到文化强省的建设中，充分繁荣发展少数民族文化，既是坚持社会主义文化道路的迫切需要，更是强化各民族文化自信的实践见证。

作为展示云南民族团结进步重要窗口的云南民族大学，不仅承担着培养各民族高级专门人才的任务，还必须履行文化传承与创新的重要职责。为进一步服务和融入国家发展战略，促进中华文化的繁荣发展，增强各民族学子的“五个认同”，学校在大力培养各民族优秀文化人才的基础上，积极整合学科、专业和研究力量，组织开展特色文化村寨、民族文化遗产项目影视志等的编撰，为更进一步推进民族学科建设和人才培养、文化交融与创新搭建广阔的平台、奠定坚实的基础。在中央财政专项支持下，学校紧紧围绕国家发展和云南文化强省建设的需要，为推进民族团结进步示范创建，以云南省民族研究所和亚洲世界遗产研究院为平台，结合云南民族大学民族学、社会学学科研究优势，充分发挥大学文化保护与传承的功能，积极组织校内外研究力量开展了云南民族文化保护传承与创新发展“双十”工程项目。项目组人员分别进入云南少数民族文化特色村寨、生态文化示范村寨、民族文化特色旅游村寨进行田野调查，经过两年多的调查研究，择选已形成的相应成果出版共享。

《云南民族文化保护传承与创新发展“双十”工程丛书》共计十一册，具体内容包括村寨基本情况、土地类型与利用状况、村寨生产生活方式、村寨特色与文化保护、特色产业及其发展前景等，是云南少数民族文化保护、传承、创新、发展的典型案例的汇集，也是云南以村寨为单位实施少数民族文化源保护的重要文献资料，更是研究少数民族文化保护、传承、创新、发展的重要实践成果。我们希望本丛书的出版将对云南少数民族文化保护、传承、创新、发展等现实问题的研究发挥基础性作用，为深入推进云南少数民族文化保护传承与创新、云南特色小镇建设、美丽乡村建设、乡村振兴发展等提供重要的参考价值。

段钢　李若青　高登荣

2019 年 11 月 13 日

序 言

《壮乡世外桃花源——云南省文山壮族苗族自治州广南县坝美镇坝美村》一书是云南民族大学《云南民族文化保护传承与创新发展"双十"工程丛书》的第一批研究成果之一，全书共9章，由广南县民族宗教局组织编撰。

云南少数民族传统文化的多样性在中国乃至世界范围内都属醒目，尊重并研究掌握云南少数民族文化独具的发展规律，保护非物质文化遗产的真实性、完整性和多样性，使优秀的少数民族传统文化在良好的环境中得到保护传承和创新发展，不仅关系着民族文化血脉的延续与精神家园的守望，对维护民族团结和边疆稳定、促进云南经济社会可持续发展具有十分重要的意义，也在传承弘扬中华民族精神、增强民族凝聚力、深入拓展海内外文化交流等方面发挥着积极作用。同时，对云南世居少数民族传统文化的挖掘整理及具有系统性、客观性和科学性的民族文化资料库的建立，对民族学人类学学科建设发挥了一定推动作用。

云南省文山壮族苗族自治州广南县地处滇、桂、黔三省（区）结合部，与越南毗邻。广南县境内的坝美是一个壮族世居的古老村落，它具有独特的喀斯特地形地貌以及河流、溶洞和村落等自然景观，神似晋代文学家陶渊明笔下描绘的桃花源，故享有中国壮乡"世外桃源"的美誉。由于特殊的自然地理条件，壮乡坝美保存着丰富的壮族传统文化，有着深厚的历史积淀，使其成为祖国西南边陲的一朵绚丽奇葩。

本书在充分利用前人调查研究成果的基础上，在民族学人类学的基本理论和研究方法的指导下，通过对广南县坝美村的自然环境、风土人情、生产方式、生活方式、社会交往、特色产业、坝美旅游辐射区域、远景规划等方面进行较为全面系统和深入细致的调查研究，客观详实地记录和描述，以系统严谨的章节体例、图文并茂地生动展示了广南县坝美村的自然生态环境、社会结构和民族文化特色。纵观本书，其内容突出了壮乡坝美鲜明的地域文化及民族文化特点。

同时，本书的成功编撰和出版发行，为五洲四海的人们展示了广南壮乡坝美这一个被喻为“世外桃源”的少数民族村庄的历史文化及创新发展情况，为世界了解广南、广南走向世界打开了一个交流窗口，也为广南县今后撰写各少数民族村寨的历史文化和创新发展积累了经验。

李若青

2017 年 6 月 30 日

目 录

第一章 概 述

云南省文山壮族苗族自治州（下简称“文山州”）广南县，地处滇、桂、黔三省（区）结合部，与越南毗邻。在这片沃土上，有个犹如陶渊明笔下的世外桃源——坝美村，它在长期与世隔绝的封闭状态中，为云贵高原留下了一片难得的乐土。这里风景如画、民风古朴，是人类宜居之地。

坝美村位于云南省文山壮族苗族自治州广南县坝美镇境内北部，地处东经104°42′—105°14′、北纬24°9′—24°28′之间。全村总面积25.6平方千米，平均海拔870米，属亚热带季风性湿润气候，年均气温18.8℃。村落四面环山，境内主要为典型的喀斯特陡峭山峦地形地貌，村前村后的两个数千米长的天然石灰岩溶水洞是坝美村有史以来与外界交往的主要交通路径，在此世居的壮族（沙支系）先民长期过着与世隔绝的传统稻作农耕生活。直至20世纪末期，坝美村因其神似陶渊明笔下“桃花源”的独特自然景观和浓郁的民族风情令社会各界瞩目，被誉为中国壮乡“世外桃源”。从1998年旅游业开发建设至今，已成为国家4A级风景名胜区，向络绎不绝的游客们展示着坝美壮乡“世外桃源”神、奇、险、峻的自然风光以及保存完好且丰富多彩的壮族传统文化风俗。同时，以坝美“世外桃源”为核心，辐射带动了周边地区以及广南县的旅游产业发展，促进了广南的对外交流以及社会经济发展。

一、地理概况

坝美村位于县境北部，距坝美镇驻地阿科 14 千米，地处东经 104°42′—105°14′、北纬 24°9′—24°28′ 之间，海拔 870 米，年均气温 18.8℃。景区包括坝美、汤那、出水洞、法利四村，面积 7.2 平方千米，位于珠江流域西江水系驮娘江上游的阿科河畔。景区中心——坝美村，是壮族（沙支系）世居之地，2016 年居住着 160 户 685 人，有耕地 136 亩。

该村距广南县城高铁火车站 43 千米，出火车站乘 3 路公交车 50 分钟直达景区；云南省会昆明市距广南高铁火车站 328 千米（车程 1 小时 50 分）；广西壮族自治区首府南宁市距广南高铁火车站 331 千米（车程 2 小时）；贵州省兴义市距广南高铁火车站 298 千米。

二、历史沿革

坝美村历史悠久，自清乾隆十四年（1749 年）首户黄姓人家从广东为避战乱迁入建村至今已有 270 多年的历史。历史上的坝美之地隶属多变，古代以部落酋长为统领，是广南侬氏土司的领地。清初，朝廷对广南实行土官与流官并举制度后，以“流官管城，土官管乡”的体制，隶属侬氏土司下辖的阿科营，以侬氏土司在中洛村的分支为头领。

1912 年推翻清朝统治后，于民国二年（1913 年）改营为区，称广南北区，坝美随属。民国二十一年（1932 年）北区与大西区合并于底圩置第七区，坝美随属。民国二十九年（1940 年）废区扩乡，原北区又从第七区分出置中原乡（治在中洛村），坝美随属。

中华人民共和国成立后，1949 年 11 月改为中原区人民政府（治在中洛村），坝美随属。1951年1月称第八区公所（治在阿科村），坝美随属。1958年改区建社，坝美村隶属真理公社的者歪行政村。1961年5月成立阿科区人民政府（治在阿科村），坝美随属。1971年改为公社，在八达村建立真理公社管理委员会，坝美随属。1981年11月改称八达公社管理委员会。1984年1月改称区公所。1988年改为八达乡人民政府。2006年八达乡与阿科乡合并称坝美镇，坝美随属至今。

三、农业生产

坝美村是传统的稻作农耕之地。壮族人民最善耕作的稻田，壮语称“那”。坝美村生产的稻谷，为该村世代繁衍生息提供了可靠而又稳定的物质条件。该村2.5平方千米的土地有80%掩映在森林中，由于森林植被好，水资源丰富，为稻谷的耕作提供了最基本的保证。

同时重视农业基础建设，建造了以河道流水为动力的“天车”，兴修水坝、沟渠，这些古老的提水工具和水利设施，至今仍为稻田供水，保证了稻谷的稳产高产。

坝美村在悠久的水稻耕作中，总结出许多顺应自然规律的谚语：

“立夏栽秧大穗吊，小满栽秧压断腰；芒种栽秧能保产，夏至栽秧轻飘飘。”

“二月清明莫上前，三月清明莫落后。”这是春天播种的谚语。它告诫人们：农历二月清明多有倒春寒，不宜播种育秧。

“六月秋减半收，七月秋满满收。”这是夏季中耕管理的谚语。它警示人们：每当农历六月立秋，是病虫等自然灾害多发的年景，需早有准备，储粮备荒，多到田间观察，发现病虫害及时防治。

“九黄十收满满收，颗粒入仓吃不愁。”这是秋季收获的谚语。它提醒人们：谷黄九成即要收割，否则，到了枯黄易抛撒；同时，收割后要及时晒干扬净早入仓，防止霉变、鼠雀糟蹋浪费。

“立冬之后虫入眠，大雪之前翻冬田。”这是冬季的谚语。它提示人们：“立冬”节令后气候渐寒，各种虫害冬眠在土层中，在霜雪降临前进行冬翻，将躲在土层中的害虫翻出地面，让霜雪冻死，减少来年虫害。

四、节日活动

“每逢佳节倍思亲”，这是中华民族古今传承的重要理念，各民族都有自己独具特色的一些节日。作为古老的民族——壮族（沙支系）的坝美村民们，在生产、生活、社会交往中，产生了祭龙、开秧门节、花糯米节、紫糯米节、扁米节、喊魂节、中元节、年猪节、春节、小年节等节日。

在这些节日临近时，家家户户忙碌准备祭祀品。节日当天村民们走出家门相聚在龙树下、土地庙前、老人亭、河边等地方进行祭祀活动，共同进餐，相互敬酒。孩童们玩耍嬉戏，姑娘小伙们欢快地对唱民歌，中老年人交流感情，畅谈友谊，祝福希望。

这些节日代代相传，但在改革开放后的打工浪潮中，外出打工的青年较多，参加人数和热闹气氛已不如从前。

五、民间技艺

民间艺人辈出，体育活动丰富多彩。

坝美村由于地理位置特殊，在生产生活及社会交往中离不开以船为主的交通工具。因此，造船工艺代代相传，至今每家都有自制的木船为游客服务，舵手们悠然地用竹竿拨动行船方向，安全引领游客观览“世外桃源”神、奇、险、峻的自然风光。

壮族古老的纺纱织布，在坝美村得到很好的传承。至今，许多农户还用这些古老的木制纺纱机、织布机纺织出壮族喜爱的青蓝色土布和美丽的壮锦。

坝美村的体育活动，在传承祖先舞狮、武术、竞舟、打磨秋等传统内容的同时，在开发旅游业中又创新出踢草球、要象鼻等丰富多彩、有益健康的活动。

六、特色溶洞

坝美村的溶洞，以其特殊而险要的地理位置，成为附近村寨躲避战乱的重要之地。广南侬氏土司分支在中洛村（距坝美景区出水洞3千米）的侬鼎丰家族，在中华人民共和国成立前的沧桑岁月中，是广南北路（今坝美镇）的主要头领，每当乱世风起云涌的战争时期，均到山洞避险，署理领地事务。

七、旅游宣传

开发旅游业，脱贫致富。坝美景区三村虽有丰富的旅游资源，但长期以来并未开发。

党的十一届三中全会提出“以经济建设为中心”，在国家日益繁荣昌盛、人民生活不断改善的形势下，广南县党政领导在创新发展、思考利用广南自然资源优势开发旅游经济中，于2002年初夏邀请云南省记者协会和中共文山州委联合组织中新社、《广州日报》《北京日报》《云南经济日报》以及香港《文汇报》等多家新闻媒体近百名记者到坝美村进行采访活动，撰写了《“世外桃源”惊现广南》等多篇文章发表于国内外报刊，影响很大。

同时成立广南县旅游局，从此，“世外桃源”的开发不断推进，景区的坝美、汤那、出水洞三村积极配合，经十余年的开发，景区设施不断完善，游客逐年增多，为广南的经济发展、景区三村脱贫致富起了重要作用。

八、旅游资源

以坝美“世外桃源”为核心，辐射带动周边旅游业。经十余年开发的坝美“世外桃源”旅游产业，基础设施日渐完善，服务水平不断提高，积累了一定经验，具备了辐射带动周边地区发展旅游业的条件。

坝美镇是广南县的鱼米之乡，自然和人文资源丰富，具有许多独特尚待开发的景点，在以坝美“世外桃源”为核心的30千米范围内，可辐射带动法利、底先片区的汤那景点、出水洞景观、底先河道漂流，阿科、那洞片区的阿科歌仙文化、科岩马迹、冷热泉、观音洞，革坠村三门洞、那洞万亩桫椤林，普千片区的普千村地母文化，坝翁村的生态田园风光。

开发这些片区的旅游资源，将为坝美“世外桃源”的游客提供更多的旅游产品，使其饱览壮乡多姿多彩的民族风情和自然风光，目睹三亿年前出现在地球植物群落中，如今已是濒危物种而成为“国宝”，列为国家一级保护植物之首，被称为“植物活化石”“植物大熊猫”“植物万岁爷”的桫椤林。

这些景区开发利用后，可将坝美“世外桃源”的一日游增至二日或三日游。

九、旅游产业

坝美“世外桃源”旅游产业，虽在十余年的发展中从无到有，开创了可喜局面，有了很大起色，但按高端产品、高质量的管理服务标准要求，还有很大差距。

同时，令人忧虑的是，壮族干栏式建筑已逐步被钢筋混凝土取代，有失壮族建筑风格的问题日益突出，这个问题急需村民们以可持续发展的思维来解决。

面对现实，须克服故步自封、满足现状的思想，要跳出坝美看坝美，学习外地找差距，并抓住云桂铁路于 2016 年 12 月 28 日开通，以及在建高速公路将要通达广南、在建平山机场于 2019 年底竣工通航的机遇，用新的思维重新审视广南区位的重要和交通优势给坝美带来的新的发展机遇，勇于担当，修改规划，加强基础设施投入，迎接“世外桃源”旅游新高潮的到来。

第二章　自然环境

坝美村位于广南县北部，镇政府所在地阿科东北部，东经104°42′—105°14′，北纬24°9′—24°28′。距省城昆明466千米，距广西壮族自治区首府南宁482千米，距广南县城43千米。

坝美景区主要由法利村、出水洞村、坝美村、汤那村构成。面积25.6平方千米，景区有居民554户，2461人。

清乾隆年间，有黄姓和黎姓先民为躲避战乱，分别由广东江夏堂和广西平南县迁入坝美村。此后又有侬、周、徐、李等姓的先民迁入。2016年坝美村有农户160户，685人。他们和睦相处，过着男耕女织的生活。

20世纪末期，坝美由于特殊的地理位置、特别的民族风情被外界发现，建设成为旅游景区，并在不长时间内提升为国家4A级风景名胜区。

第一节　地理概况

一、地形

坝美四面环山，东、西、北三面为石灰岩溶地形，南面（寨后）是土山。坝美坝子被周围高山包围形成一块三角形小盆地。盆地中，阿科河弯弯曲曲由汤那流出通过，使坝子形成阡陌纵横、田野平整的格局。

二、地貌

坝美村东部是喀斯特高山，形成“V”形峡谷、冲沟。山脚有落水洞，阿科河由此流出。山高约500米，山上长满乔木树，品种繁多，植被茂密，有无数直洞通到地下，其中有三个较大的直洞与暗河相通，致使暗河内忽明忽暗。北面由多堵悬崖峭壁构成，最高峰距河谷1000余米。悬崖上有土的地方生长着多种乔灌木树，把悬崖点缀得生机盎然。无土之处是黑白相间的壁垒，每面悬崖都如同一幅水墨画，处处透着浓郁的诗情画意。西面是河道，沿着河道可上溯到汤那洞出口再到水源发源地革坠和莲城镇分水岭。河道两岸全为喀斯特山峰，怪石嶙峋，山峰高耸。崖壁如刀削斧劈，茂林修竹，古树参天。

坝美村北面的悬崖峭壁

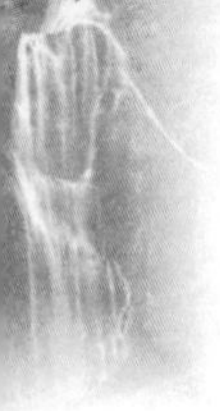

坝美村的西面群山叠翠

三、地质

坝美景区地质归属于泥盆系，由碎屑岩、碳酸岩、黏土岩、泥质灰岩组成，发育齐全。

四、土壤

坝美景区土壤品种较多，红壤、黄壤、紫色土、石灰土均有。东西南三面植被丰富，经几万年的沉积，变成腐殖土，颜色呈黑色，往下挖深一层，便看见本土，是红色的。坝美小盆地田里的土壤属于水稻土。南面土山部分是黄土，其中又有砂石夹杂。而崖脚的旮旯地里，又多为石灰土。

坝美河源头之一——革坠出水口

坝美河道

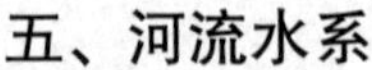

五、河流水系

景区有清澈的阿科河贯穿全境，而阿科河的源头，一条在莲城镇的双龙井村，一条在莲城镇分水岭。分水岭有两股泉水，一股由分水岭暗流至东风水库，是东风水库的主水源，经莲城镇流入冷水沟再流入西洋江。一股流到坝美镇打卦寨，与革坠河交汇后称阿科河，后流经坝美，再流到坝美镇八达村、洛里河、底圩河，交汇为驮娘江上游，经广西西林县流到富宁县剥隘境，又与西洋江合流经百色等地，最后归流入珠江，也就是说坝美河属珠江水系之一。而在汤那洞和“桃源洞”中，又有暗泉涌出，形成水中有水、河中藏泉的格局。

六、耕地面积

坝美村景区四面环山，耕地仅为河道沿线谷地，共 136 亩，均为稻田，人均耕地 0.3 亩。有林地 500 亩，其中，经济果林地 200 亩，人均 0.29 亩。

七、海拔气候

坝美村海拔 840 米，年平均气温 18℃，常年处于温暖状态，因有河流调节，所以夏无酷暑。年降水量 1050 毫米。在坝美景区旅游，无需过多考虑气候条件。

第二节　建置沿革

一、清代

清乾隆十四年（1749 年），有黄姓、黎姓先民为躲避战乱，分别从广东南海县江夏堂、广西平南县迁入，之后又有侬、周、徐、李姓的先民迁入。

历史上的坝美之地，古代是广南侬氏土司领地，清初实行“流官管城，土官管乡”的体制，隶属土司下辖的阿科营，以侬氏土司在中洛村分支的侬鼎丰家族为头领，坝美村随属。

二、民国

1912 年推翻清朝统治后，于民国二年（1913 年）改营为区，称广南北区（治在中洛村），坝美随属。

1932 年，北区与大西区合并于底圩村置第七区（治在底圩村），坝美随属。

1940 年，废区扩乡，原北区又从第七区分置中原乡（治在中洛村），坝美随属。

三、中华人民共和国成立以后

1949 年 11 月，改中原乡为中原区人民政府（治在中洛村），坝美随属。

1951 年 1 月，将中原区改为第八区公所（治在阿科村），坝美随属。

1953 年，坝美村在村里办学（初小）。1975 年后办完小。

1958 年 10 月改区建社，建立真理人民公社（治在洛里村），坝美村隶属真理公社的者歪管理区（似今行政村）。

1958 年后，因森林逐步减少，改以土石和木料搭配建屋。

1961 年 5 月，真理公社与治在阿科村的金星公社合并，称阿科区人民政府（治在阿科村），坝美随属。

1971 年 1 月，改区为公社，原真理公社从阿科区分出，在八达村建立真理公社管理委员会（治在八达村），坝美村随属。

1984 年 1 月，改真理公社为八达区公所，坝美随属。

1988 年 1 月，改为八达乡人民政府，坝美随属。

2006 年 5 月，八达乡与阿科乡合并称坝美填（治在阿科村），坝美随属。

第三节　人　口

一、人口数量

坝美全村共 160 户，人口 685 人，其中，男性 367 人，女性 318 人，分别占 54% 和 46%；农业人口 675 人，非农业人口 10 人。共有劳动力 263 人，其中男劳力 145 人，女劳力 118 人。从事第一产业（农、林、牧、副、渔业）243 人，其中农业生产 220 人，牧业 13 人，副业 10 人。从事第二产业 9 人，从事第三产业 422 人，其中批发零售业 4 人、旅游业 418 人。外出务工 7 人。

二、族源

坝美村全为壮族沙支系，村里的壮族与外界壮族族源是一致的，即本地古老的世居民与广东、广西迁过来的壮族相结合。调查显示，村里黄氏家族由广东迁入后，黎氏又从广西平南县迁入，而侬氏则为广南世居民族，与侬氏土司有紧密联系。而其他三姓徐氏、周氏、李氏，先由外地迁入广南其他地方，后来再迁到坝美，也与宋朝侬智高起义带入的壮族子民有关联。在坝美，居民无论其祖辈是汉族或其他民族的，现时都报族别为壮族。而在语言上，都统一为壮族沙支系语言。

三、族称

西周时期，“越”的名称出现，《周礼·冬官考工记》有“吴粤”之名。春秋时期称“百越”。后来的史书根据“越”所处的不同地理位置和方位名，在“越”的前面加上方位名词或国名，如“东越”（“闽越”“东瓯”）、“西越”（“西瓯”“骆越”）、“于越”（“内越”或“大越”，国名）、“南越”（国名）、“滇越”等。

秦汉时期，史书上仍沿用“百越”“杨越”之称。《汉书》把“越”写为“粤”。

汉武帝统一“西南夷”“南越”和“闽越”后，江南越人，有的迁徙江淮，有的被汉族同化。在这一时期，“西南夷”中原称“越”的族群，《后汉书·西南夷·夜郎传》中称为“僚”，《华阳国志·南中志》中称为“濮”，同书又说：“南中在昔，盖夷越之地。”说明西南的“僚”“濮”同源，也是“越”，在云南有的又称“滇越”。

三国、两晋、南北朝至隋唐时期，西南地区称“僚”“鸠僚”

“濮”，滇东南、桂西“僚人”又称“西原蛮”。

宋时，滇东南、桂西的“僚”又被称为“广原州蛮”。

元、明、清至民国时期，境内壮族先民称“潦”，有的被称为“花角蛮”，后“侬”“沙”“土”并称。

中华人民共和国成立后，把壮族各支系统称为“僮族”。由于“僮”字读音不一致，容易引起误读，1965年10月12日根据周恩来总理倡议，由国务院正式批准改“僮”为“壮”，得到壮族人民的普遍支持和拥护，从此以后“僮族”改为“壮族”。坝美的沙支系壮族自称和他称均为“沙人”。

四、姓氏

坝美村共有六个姓氏：黎、黄、侬、周、徐、李。其中，黄氏最早迁入坝美，可追溯到清乾隆十四年（1749年）。其老祖宗为躲避战乱，由广东南海县江夏堂落脚坝美村。现在坝美有黄氏祖坟100多冢，按字辈排列，已排到第十一辈。黎氏紧随黄氏迁入坝美，是两亲兄弟一起到坝美的，现在坝美也有祖坟100多冢，传到今村小组组长黎尚国这一代已是第十代。侬氏家族于清代晚期为摆脱苛捐杂税进入坝美。侬姓与外界中洛、汤那、法利等侬姓同根，是当地世居居民之后裔。徐氏和周氏在民国时期迁入坝美，李氏则是在20世纪70年代才迁进去的。

坝美人口，从清乾隆时期建村至2016年，经过200多年的繁衍，共有居民160户，685人，均为农村户籍。黎氏为该村第一大姓，共60余户，人口占全村总人口的60%以上。曾有1人在外地任县长，10余人外出工作。

黄氏有50余户，是坝美的第二大姓，人口占全村总人口的30%以上。其中黄佩忠原在县委、县人民政府工作过，在县委统战部副部长职位上退休。黄佩恩在广南县地税局退休，黄斌多年任八达派出所所长至退休。另有七八人外出工作。

第四节 房屋建筑

坝美村的房屋建筑从简易棚房—干栏与麻栏房—土木结构—砖木结构—钢混房屋过渡。

一、简易棚房

先民刚入村时，为避战乱而来，没有任何经济基础，他们砍下树木，互相支撑，盖上茅草，平一平地面，便入住垦荒种植。由于到处有虎豹豺狼、毒蛇等野生动物的侵袭，人们不得不想法防范，于是把叉叉房改造为四脚落地的两层房，用四棵较大圆木为柱，离地面五六尺以上搭楼，房顶盖草。夜间，人睡在二楼，牲畜拴在屋旁树上或房柱上。为图舒适，砍来竹子，编成篾垫，铺在圆木搭建的楼板上，做床垫。编制屯箩，收藏劳动获得的谷物，往往是人围着屯箩睡觉。在棚房下层或露天场地制作简易灶煮食物充饥。这样的生活方式沿袭到有一定经济实力后，建盖干栏式住房。

二、干栏与麻栏建筑

坝美人由棚户改为干栏建筑是一个房屋建筑的飞跃。在建盖棚房时，不讲求风水，只图方便垦殖。开荒在哪里，便在哪里建房。而建盖干栏房屋时，非常讲究环境。

林间原始住棚

壮族村寨多依山傍水，十几户、几十户、上百户人家聚族而居，以“无水不住、无山不稳、无树不安、无田不居，宁居山坡、不占良田”为建村标准。在村寨周围树林里选一棵大树或直接培育一棵大榕树作为龙神（亦称竜树），每年都要杀鸡、猪去祭拜。龙树旁不能大小便，不能砍伐龙树枝丫。壮族善于美化居住环境，房前屋后栽上竹子、果树等，使之遮掩房舍，竹林围住村寨，既防盗，又隔热。

坝美完全遵照这一规矩。清代晚期，撤出棚房。

（一）干栏式

壮族从搬出山洞开始，逐步创造出干栏式房屋。壮族住房普遍为干栏式木结构的瓦房，也有住草屋的。《汉书·僚传》载：“依树积木以居其上，名曰干栏。”房屋普遍分为三层，上层堆放什物，中层

干栏房屋

住人，一般老人住右上侧房间，儿子媳妇住左侧房间，女儿住右下侧房间，下层关牲畜和家禽。楼梯设于屋外正中或左右侧。旧时“无椅凳，席地而坐，脱履梯下而后登”（《广南府志》卷九）。房屋外墙全部用木料围住。在二楼建造火塘，火塘上面吊一竹簾，用作熏烤潮湿物品。在楼下或两侧建盖厨房。多数民房建三间正房、两间耳房、一道大门的四合式庭院，一般占地一百多平方米。

（二）麻栏式

麻栏式房屋与干栏式结构基本一致，不同的是墙壁用木条或竹片编成篱笆。为防火防盗，用牛粪、黏土、草木灰混杂抹在篱笆上，使其美观实用。

坝美村壮族建房时，动土、立柱、上梁、盖瓦、装修要请风水先生翻书，择定吉日良辰，看风水，定门向，讲究阴阳五行相配。立

麻栏住房

柱、上梁时，亲戚好友前来祝贺，放鞭炮。在中堂，设神龛供献蒸糕、红糯米团；用红布包历书、五谷、笔、墨、钱币于大梁的中间，从梁上向下撒红米团。然后贴对联，设酒席款待客人。

壮族房屋建造以干栏或麻栏结构房屋为主，其原因主要是气候炎热，多雨潮湿，干栏可以通风排热，避免潮气；过去毒蛇猛兽很多，干栏可以观察外部四周，预防猛兽侵袭；楼下饲养畜禽，既防盗又方便管理喂养。

建盖干栏式房屋需要大量木材，往往建一栋房屋需要砍伐上百棵大树。20 世纪 50 年代以后，坝美森林资源逐渐减少，坝美人选择土石和木料搭配建房。

三、土（砖）木结构房屋

进入20世纪70年代后，坝美壮族房屋由干栏式“积木”向土（砖）木结构转化，打破人住上层、牲畜住下层格局，下层设人住房间。建盖这种房屋，式样参照汉族四合院建筑，但保存干栏式的一些特征。房屋建得好坏视经济力量来决定，在木屋架立起来后，有用墙板套上舂成墙的，有用土坯支砌围墙的，钱多一点的人家买砖块砌围墙。此时的壮族房屋正房通常一所三间，中间设神龛做客厅，两边做卧室，在正房的两屋山墙旁建畜厩和厨房。

四、钢混房屋

从2000年打造坝美景区开始，坝美村人便尝到旅游业带来的甜

坝美吊脚楼四合院

掩映在绿荫下的现代房屋

头，居住在游客必经之路的村民，撤出旧房，建盖钢混与干栏相结合的屋子，意在留住游客在这里消费，体验夜间的室外桃源生活情境。之后，旅游业粗具规模，率先盖房的人家赚了钱，他们已经不满足那种土洋结合的房屋，容客量少。于是又改造原房屋结构，加高楼层，变成纯钢混房屋。在国家和私营老板加大对景区旅游设施投入的同时，村民建房办餐馆的人家越来越多，房间的档次也越来越高，多数人家既开旅馆又开饮食店。至 2016 年底，全村有客栈 60 余户，可同时容纳 3000 人在村里食宿。加上零星饭店“农家乐”，可日供 5000 人就餐。

房屋盖好了，村民的收入增多了，但令人担忧的是，坝美村以钢混洋楼取代干栏式木楼，壮族风格建筑消失的问题日益突出，需要拿出办法来解决。

第三章　风土人情

壮族有本民族的语言文字，有多姿多彩的民族风情。壮乡是歌的海洋，舞的世界。走进壮乡的每一个村寨，都有艳丽的服饰、独特的饮食、旖旎的风光。而广南县的坝美村又是集壮乡各种特点于一体的地方。

第一节　饮食服饰

一、饮食

坝美壮族主食大米，兼食杂粮，根据家庭经济条件的不同略有差异。一般家庭一日三餐，早餐较简单，多为油炒饭、糯米团。中餐一般，晚餐较丰富。但也分农忙和农闲、天冷和天热、有客或无客、平时或过节来决定饭菜的简单与丰富。菜肴有猪、鸡、鸭、鹅、鱼肉，蔬菜和豆制品。婚、丧、嫁、娶、起屋盖房通常摆八大碗、十碗至十二碗菜肴款待客人。村民普遍喜欢饮酒喝茶，用稻谷或玉米酿制白酒，常年饮用。老年人喜欢喝烤茶，茶叶放小土罐内在火塘旁慢慢炒黄加水煮。喜食甜、酸、糯食。节日食品丰盛，除肉食外，粽粑、米花家家必备。有吃生血旺的习惯。坝美人平时勤俭朴素，鸡、鸭、腊肉等多留着过节或待客。壮民吃饭有客时，还有许多尊老敬老和待客的好习俗。

坝美村有自己的特色菜，如带共性的壮族岜夯鸡。坝美还在此做法的基础上加入酸竹笋和鲜竹笋片，使之油而不腻，更加鲜嫩可口。清炖老鸭，采用本地饲养的、生长期一岁以上的老鸭，加食盐、姜片、草果、八角等配料，用文火或用汽锅慢慢炖煮，香鲜味俱佳。油炸小鱼也是坝美的特色菜，从河中打捞来的小杂鱼，剖腹去内脏，用盐腌十多分钟，放油锅中炸脆，香脆可口，是下酒的佳肴。

二、服饰

旧时坝美妇女着短衣长裙，上身穿自织、自染、自制的黑色、青色“左右纱”“方维纱”“斜纹纱”等土布绣花滚边衣服，纽扣排列于右腋下。下身穿百褶长筒裙。未婚妇女拖长辫，已婚妇女束高髻。部分妇女戴耳环，项戴锁牌，双手戴银镯，包黑色或蓝色箍帕，现流行包花毛巾。上身穿斜襟中长姊妹装，无领，颜色以黑、蓝、红、白、青较多。裤子改宽腰、大裤脚甩裆裤为西裤，黑色较多，蓝、青、咖啡色也有，还有部分赶时髦女青年穿牛仔裤、长短裙的。旧时妇女脚蹬船型绣花鞋、普通绣花鞋。现在，船型绣花鞋消失，穿普通绣花鞋的不少，多数穿市场上能买到的皮鞋、布鞋、凉鞋、运动鞋。

坝美男性服饰，老年人多数还穿自织自染的黑布对襟衣裳，布纽扣排列正中，纽扣数要单数，不要双数，如 7、9、11 对不等。中青年男子衣裳与汉族衣服相同，但是黑色较多。西服、夹克、中山装、牛仔衣、T 恤、衬衣均有，很少有人戴帽子。裤子也与汉族相同，西裤、运动裤较多，也有穿牛仔裤的。小孩除个别穿壮族沙支系的衣服外，基本汉化。男性的鞋子全部汉化，皮鞋、布鞋、凉鞋、运动鞋均有，根据劳动性质选择不同的鞋。

壮族女童服饰

壮族男童服饰

壮族男性服饰

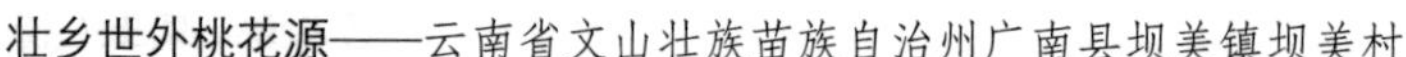

穿盛装的壮族妇女

穿简装的壮族妇女

第二节　风　俗

一、生育

妇女怀孕后，只做些轻微劳动，注意保护身体，预防早产、难产。临近分娩时，丈夫和公婆要事先备足糯米、白酒、食糖、鸡蛋和其他营养食品。民国时期及以前，壮族妇女很少求医助产，因难产丧命的妇女不少。那时一般有两种接生方法：用药催生、民间接生。产妇腹痛一两天顺利生产，全家人无需忧愁，两天以后还生不下来，家人恐有不测，找草药催生，有的请巫师卜卦，斩妖除魔，有的焚香许愿，求神保佑。一旦孩子生下后，全家立刻煮柚子叶给婴儿洗澡，杀鸡、煮蛋给产妇补体催乳汁。在家门口，生男插双面三角小红旗，生女插单面三角小红旗做标记，示意外人不得误入。产妇在三天内不得随意出门，不得靠近火塘灶边。丈夫不能出村，不能接近寺庙、神坛、打铁坊等，以防凶神恶煞。满三天要杀鸡祭祖，为婴儿做“三朝”。生第一胎小孩，满月时要举行命名仪式，吃“满月酒”。富裕人家杀猪办酒席，一般人家用鸡、鸭、猪肉献祖。祭毕，用祭品请外公婆、家族兄弟姊妹吃一餐饭，以祝幼儿快快长大。产妇有干妈的，也要请干妈吃满月酒，干妈也要送礼表示祝贺。取名由家族和亲戚长辈共同商定，所取名字不得与本宗族内的长辈和同辈同名。壮族都有两个名字（乳名、正名）。小孩取名后则按新取名字直呼其名。小孩满月后，外婆家择吉日，请亲戚家的成年妇女和干妈来缝制背袋，小孩的父亲送酒、肉、米各 10 斤给外婆家食用。

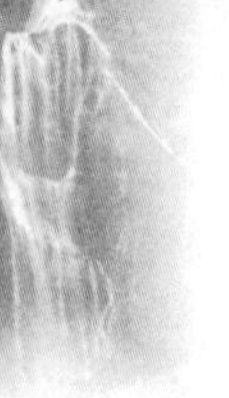

二、婚俗

壮族实行一夫一妻制，过去婚姻有自由恋爱和父母包办两种形式。自由恋爱的青年男女，通过赶花街、祭龙、跑马节和集市贸易等社交活动相互认识，有一定的感情基础后，男青年告诉父母，由父母请媒人说亲，也有女方主动到男方家说亲的，再由双方父母办客宴请亲朋好友。一般需要经过媒妁、订婚、送聘礼、择日结婚、三朝回门等程序。中华人民共和国成立前，壮族实行早婚，男十七八岁，女十五六岁结婚。

媒妁。男女青年爱情关系确定后，男方告诉父母，父母请有儿有女能说会道的正派中年人当媒人。媒人第一次只带些糖果糕点之类的小礼品到女方家说明来意。女方父母若不同意，就把礼物放在门外，由媒人带回男方家，若同意就收下礼物，留媒人在家吃饭。饭后用红纸写姑娘生辰“八字”由媒人带回男方家，男方再请算命先生将男女双方“八字”相配。如“八字”相合，就可以结成姻亲；如“八字”相克，则请媒人将女方“八字”退还女方家。

订婚。“八字”合成后，由男方家择吉日由媒人向女方家报合订婚。男方要送公鸡、母鸡各一只，酒、肉各 10 斤，糯米 10 斤、糖 4 斤以及银饰品等物给女方家。女方以衣服、鞋袜、头帕等物回礼，表示正式订婚。此后男女双方称对方父母为爹妈。逢重大节日或女家婚丧祝寿等事宜，男方要主动到女方家送礼、帮忙。订婚后若一方有变，则按照“女不嫁退钱，男不要丢钱”并退回“八字”的习俗办理退婚手续。

小礼。小礼分为干礼和实礼。干礼一次性交清钱财，要钱不要物，一般是男方付给女方 60 ~ 80 元，买布料、花线等物。实礼是肉、酒各 20 ~ 40 斤，针线钱 40 ~ 60 元，糯米 10 斤。每年六月下旬或七月上旬、腊月十五前后，男方要给女方家送糯米、猪肉、鸡鸭等礼物。

大礼。男方提前三四个月确定结婚日期，并告知女方家，此时要交给女方家一半以上的大礼金，以便女方购买嫁妆。大礼钱 60 ~ 3600 元不等，一般要有“6”，表示“六六有福”的意思。钱多与少要视男方家经济情况而定。酒、肉各 100 ~ 160 斤，另还配上糯米粑、糕点等物。

结婚前要择吉日钉被子。同日男方家备酒、肉、糯米各 10 斤，鸡 2 只，由男方送到女方家供钉被子的人食用。钉被子的人必须是生男孩的妇女，还要先由福寿老人缝第一针。接亲时，男方还要找一位夫妻双全、能歌善应的妇女做接娘，也可由未婚姑娘做接娘，随同媒人和迎亲队伍一道去女方家娶亲。民国时期及以前娶亲用马或轿子，现在与本村人结婚，多为步行。与他村人结婚，可由公路乘车或由水路步行乘船。迎亲队伍沿路唢呐、锣鼓齐鸣。抵达女方家要过关，“村前拦路，到户拦门”。每拦必饮酒，送红封。接亲人每人两杯酒必须饮干方能进村进屋。男方还要带去梳妆礼、针线礼、干实礼、背新娘出门礼、伴娘礼、干爹干妈礼等十多项礼。

结婚时，要提前派人告知或互相转告亲朋前来祝贺。来参加婚礼的人，要送祝贺礼。送女方的礼物多寡不限，除钱外，还有送粮食、鞋袜、衣服等。

回门。婚后第三天（现改为第二天），新郎、新娘在弟妹和亲朋三五人或七八人陪同下，携带礼物回娘家。娘家设宴接待，并由亲戚陪席。席间由新娘父母给新郎介绍亲戚及称呼，之后边喊对方的尊称边敬酒。老辈饮了“认亲”酒后，当面给新郎礼金。此后便自由来往。

招赘。有女无子或虽有儿子但是尚小、缺乏劳动力的壮族家庭，常招赘女婿赡养老人或扶持弟妹，婚礼从简。凡不享受祖业的女婿一般不改姓氏。享受祖业的要改随女方姓，三代后再改为男方姓，称其为三代还宗。

坝美壮族男女自由恋爱结婚，婚后多数不婚变，白头偕老。一旦离异不再复婚，由要求离异的一方赔偿另一方的损失。已生育子女的，双方先协商对子女的抚养事宜后才离异。

现在，坝美男女双方自由恋爱后，告知父母双方，请 2 ~ 4 名证婚人作证，男方只需拿 600 ~ 3600 元钱到女方家即可。前述繁琐程序多数被省去。

三、丧葬

壮族丧葬一般经报丧、入棺守灵、出殡埋葬、超度亡灵、烧灵脱孝等程序。

报丧。病人弥留之际，子孙要在身边守候送终。长子长孙扶持老人不让其上身在断气之前落床板，临死时子女用衣袖接气。断气时鸣枪或放鞭炮报丧。亲戚邻居听见报丧信号即到死者家帮助死者家属料理后事。先是为死者剃头（男性）、梳发（女性）和洗澡。长子或长女用三角布着温水为死者洗脸洗身，然后更衣（衣服三套五套不等，穿单不穿双）、穿鞋（男女均穿布底布鞋，仅式样不同）、戴冠（男性戴瓜皮小帽，女性黑帕包头）。一切办妥后，将尸体头向内、脚朝外停放在堂屋正中停尸床上。停尸床为两条四角凳支撑三块木板，垫上一床草席和一块六尺长自织土白布。尸体上面覆盖一床红被面，从脖颈盖到脚，再用白布或草纸盖脸。

守灵。尸体停妥后设灵堂，多数人家用一床帘子从楼顶直垂而下掩尸体于其后，帘上正中贴挂一大“奠”字，两旁贴挂一副描写死者生平的挽联，设一灵案于停尸床头。案上置灵牌和死者照片、香炉、灯烛、祭品。祭品普遍为：杀鸡一只，分为两半，一半煮熟后和另一半生鸡共装盘里，和一碗生熟各一半的饭一起献，以表示阴阳隔开。停尸床下置一盏长明灯，从人死到出殡之前香火不断，儿女轮流在死者身边跪守（现在免跪）。忌猫狗越尸。亲朋帮忙熬松香密封棺材内部，干固后底上铺草纸白布，称3.6斤草纸烧成灰，用白布缝成三角包，装纸灰于其中做死者枕头，还另装一些灰包或松香粉准备塞入尸体空位。一切就绪后，按择定装棺时辰装棺。装棺时，如果死者是女性，必须有死者的兄弟在场。尸体平仰棺内，不能歪斜。装妥之后在尸体上盖一幅红布，最后钉上木钉和一颗银质灵芝钉（男左女右）。儿孙后代坐棺材两边守灵。

超度。人死后要念“麽经”超度，超度时间一般三天、五天，富裕人家七天、十五天不等，多在晚上守灵时举行。超度时请道士（“麽公”）设灵堂，供奉上清、玉清、太清神像，“麽公”念《救苦经》和《开路经》，给亡人开路升天。亲属子女披麻戴孝。

出殡。壮族老人死后，停在家里的时间至少三天，三天内安葬不择日，三天后安葬要择日。壮族安葬讲究风水，要请风水先生看地而定。出殡前日，出嫁的女儿、侄女要做荤素席祭献。富人家还要杀猪、羊来上祭。请唢呐送葬，亲朋要馈赠钱粮。夜晚儿孙依次跪在棺前轮流装衣禄罐，请“麽公”敲钵鼓，念经超度。出殡日，天亮前选好时辰按时起灵，将灵柩从家移到指定的地点停放，罩上棺罩或盖上红棉毯，摆出荤素席和祭品祭奠。送丧时拴放一只大公鸡在灵柩上，子孙后代披麻戴孝。长子捧灵牌，次子抱相片，长女婿抱衣禄罐在棺材前。送葬队伍男性走在棺前，女性跟在棺后。一路上还要放鞭炮丢买路钱。出村后孝子孝孙跪地搭人桥与亡者告别。灵柩抬到坟地时，先挖好坟坑（又称“圹洞”），内撒朱砂，用雄黄画一个大八卦图，图上写“天长地久”或“天送福禄”等字。入坑时放鞭炮，长子率儿孙朝外跪拜，用后衣襟接纳“麽公”抛撒的五谷钱币。而后才埋土、砌石、立碑。最后“麽公”用一只红公鸡鸡冠血点碑，“立山神”。

埋葬后的第二天还要去“复山”，把坟墓整理完好。

脱孝。中华人民共和国成立前，壮族遵循妈死戴孝120天，爹死戴孝60天的习俗。戴孝期间，不婚嫁、不歌舞、不喝酒猜拳、不戴孝帕入别人家门，男不剃头、女不梳妆。现在普遍遵循老人抬出去埋好烧一次纸钱后，每年春节前夕上一次新坟，烧一次香纸，三年后和旧坟一起上。中元节列入祖宗牌位一起祭。

四、祝寿

坝美村壮族一直保持尊老爱幼的优良传统，晚辈对长辈很尊敬。为长辈祝寿按“福寿康宁”四个层次。四十九岁祝“福”，六十一岁祝“寿”，七十三岁祝“康”，八十一岁祝“宁”，对八十五岁以上老人，每年都要为其添衣祝福。祝寿规模大小不等，但力求从俭。儿子、女婿、外孙等要分别为老人祝寿，做蒸糕、红团，买生日蛋糕等。女婿献手杖、寿衣、寿镯，女儿、儿媳献上寿鞋，亲朋好友送鸡鸭肉鱼米酒等礼品。

五、礼俗

坝美壮族历来遵循“国有国法，家有家规”的道德伦理，遵守社会公德。封建统治时期壮族一样尊崇“三从四德”。认为人活着必须有道德，不偷盗、不乱淫、不夺人所爱、不危害他人利益。在本民族内，儿童和年轻人在老人或比自己大的客人面前谦称“媄”。年轻父母从生下第一个孩子的这一天起跟着孩子辈分称呼长辈。壮族路遇行人要抢先让道，如是骑马，要下马让路。因赶路要超前行走的人，须说明原因才能超前行走。寨中一家有事全村帮忙，特别是丧事，一听见丧家报丧枪响或鞭炮声，全村老年人、中年人会很快奔赴丧家帮助料理后事。坝美人喜欢和其他民族打亲家，拜干爹干妈。一旦打了亲家，就要当主要亲戚来往。每年正月初二至十六要带上红公鸡、腊肉和粑粑之类礼品给干爹干妈拜年。出嫁的姑娘每年春节前后必须夫妻双双带礼品回娘家拜望父母和兄弟姐妹，农忙时要回家帮忙做农活。壮族普遍热情好客，鸡鸭腊肉之类食品要留着招待客人。客人到家，小辈要给客人敬烟、倒茶、敬酒，饭后姑娘或媳妇要给客人送漱口水。客人告辞要送出门外。壮族每年正月初二至十五家家请客，其座次是最老辈坐在神龛脚的第一桌，以此类推，如屋里坐不下，辈分小的就坐在屋外就餐。

逢年过节，走亲访友不空手前往，不论多寡都带上些礼品，如鸡、鸭、沙糕、饼子、花糯米等。春节期间要给新拜的干爹干妈连续三年拜年，礼品一般是鸡、猪肉、酒、衣服、鞋袜等。

第三节 节 日

坝美壮族的节日较多，按农历月份排列：正月春节；二月小年；三月花糯米节；四月开秧门节；五月祭龙节；七月中元节；八月扁米节和紫米节；九月喊魂节；腊月杀猪节和除夕。

一、春节

腊月二十三日晚上送“灶君”（又称“灶王神”），献鸡献汤圆及一碗五谷。送走灶王神后杀年猪、腌腊肉、舂粑粑、做米花、包粽粑。腊月二十八、二十九日扫扬尘，粉刷墙壁，整理堂屋，清洗香炉台灯，张贴对联年画。除夕晚上杀鸡、鸭、鹅、鱼，菜肴要丰盛。晚

6时左右祖先神位前灯火辉煌，香烟缭绕，祭献美酒佳肴。祭毕，燃放爆竹、礼花，然后到门外祭拜祖先。接着向畜厩及土地神点香火，回来再给祖先神位点香，家人围坐进餐，菜饭酒肉吃饱并有剩余，表示年年有余。大年三十晚上用1～2米长的大香炷插在门外烧至正月初三，各家各户烧炭灰或在火塘里烧大柴火，阖家烤火过年。过春节堂屋正中铺青松毛至正月十五日，神龛前献粽粑、米花、糖果、烟、酒、茶，神桌上香火，灯烛终日不熄。初一丑时公鸡叫，各家各户放鞭炮，迎接灶王神进屋，辞旧迎新。男人打着火炬挑新水，为祖先上香献茶，叩拜祖宗。晚辈向长辈拜年，祝老人健康长寿，长辈给儿孙发压岁钱。拂晓，家主先开大门，边开边念："开门大吉，出行大利，新年新岁，万事如意，钱财不断，高升、高升、高高升！"然后家人才外出。男性长辈在火塘边悠闲品茶吸烟筒。青少年外出参加放爆竹、踢毽子、抛绣球、拔河、打磨秋、下棋等娱乐活动。初二夜间子时以后家家杀红公鸡"打牙祭"，祭财神，点上香灯，先祭祖宗，再祭门神，后祭土地灶君。此后一直到正月十五日家家请客。请客坐桌位很讲究，辈分高的坐上席，依此类推，辈分最小的坐下席。正月十五祭献老人亭后才下田劳动；正月三十日过小年（又叫过完年），所备食品，仅次于春节，有吃面蒿粑的习俗（用面蒿和糯米一起做成的粑粑）。过完年后开始进入春耕生产。

二、小年

广南壮族过小年，时间多为二月初一至初三，共三天时间，而坝美的小年要从二月初一过到十八，其中还有祭诸神的活动。小年期间，旧时不劳作，现时也做农活，接待游客，但不出远门。

三、花糯米节

花糯米节的日期是农历三月的第一个寅日，若是碰到三月初一是寅日，这一年的花糯米节便取消不过。过花糯米节时用红、黄、绿、紫、白等多种颜色的花糯米饭祭献祖宗。

四、清明节

坝美村的清明节不在清明节这一天过，春分前夕就要上新坟，春分前后上老坟。要杀鸡、煮肉、蒸黄糯米饭去坟山上祭献老祖宗，插坟标。黎姓和黄姓因在坝美的时间长，祖坟多，他们便把祖坟分到各宗支去敬献，而老祖坟是家家要去献饭和插坟标的。

五、开秧门节

坝美村海拔低，栽秧时间较早，每年农历三月底四月初，在全村第一天栽秧时，都要过开秧门节。早晨到秧田旁插香，杀鸡祭田公地母后拔秧，当天栽秧完后在家庆贺，请亲朋吃饭，点香献饭，祈求土地神和老祖宗保佑当年五谷丰登。开秧门节过后，全村投入紧张劳动。

六、祭龙节

坝美村的神灵崇拜不多，也不复杂，全村只有两亭——龙亭和老人亭。农历五月的第一个龙日，全村人聚集在龙亭祭龙，祭祀品是两头黑毛猪。同日还要祭老人亭、通信山、兵马山（将军山）。老

龙亭

人亭在寨中，供奉三个姓氏，是哪三姓，现在谁也说不清。通信山就选择在最大一棵榕树（龙树）下，兵马山就是从水洞入口右侧形如太师椅的那座山。祭老人亭要一头黑毛猪，祭通信山和兵马山各要两只鸡。

祭龙的目的是求龙神保佑全村人畜平安、五谷丰登、粮食满仓。祭老人亭，是为全村团结一致，共建和谐村寨。为什么要祭通信山和兵马山，没人说得清楚道理。坝美被人们称为“世外桃源”，进村道路只有东西两条水路，而两条水路都是暗流，必须有猪槽船才进得去。清代至民国时期，凡是打仗，广南的驻军和土司兵都要藏兵于寨内待发，在兵马山脚设驻兵指挥部，在南面山头站岗放哨，一有信息，便马上传到指挥中心兵马山。

祭完龙神、老人亭、通信山和兵马山，全村人统一聚餐。

将军山又名轿子山

七、中元节

中元节俗称“七月半”，是当地仅次于春节的节日。从七月初七起，家家户户陆续点香火上供品接祖“回家”。七月十四日这一天蒸“褡裢粑”，杀鸡，用黑、黄、蓝等色纸剪成衣服、被子形状，纸钱卷成筒装包，蒸五色花糯米祭奠。祭毕，天黑后在门前插香焚烧。衣服和包壳上写有祖先的名字。

八、扁米节

扁米节又称尝新节，日期在农历八月，并不统一在一天过节。节日前到田里采集已灌浆但还未完全成熟的谷穗回家，慢慢用文火焙干舂成米，因谷子还未完全成熟，舂成的米是扁的，所以称为“扁米”。吃扁米，家家舂粑粑、煮汤圆、杀鸡、杀鸭、杀猪、做豆腐、采摘园中栽植的倒扣草垫甑底蒸新米饭。先祭祖先，告知祖先今年获得丰收是祖先保佑的结果。尝新米饭时先喂狗，意为感谢狗带来新种子，然后请客，全家才共同享受。要包粽子，饭后让亲戚带走。

九、紫糯米节

坝美村的紫糯米节在农历八月。相传壮族英雄侬智高起义失败，侬军败退在前，追兵在后，壮人杀猪煮饭给侬军吃。侬军为争取时间，避开追兵，等不得煮熟就吃生肉，用生猪血泡饭吃。后人为缅怀祖先，就把糯米饭染成似生血的紫色饭祭奠。坝美村的紫糯米节一直是用猪血或者鸡血把饭煮成紫色来祭奠。

十、喊魂节

坝美村的喊魂节，时间是农历九月的第一个猴日。全村杀母鸭喊魂，他们认为劳动了一年，劳动中经常会碰到毒蛇猛兽和坏人的惊吓，人身上的魂魄已经不齐全，必须把他喊回来附在身上，人才会健康长寿。母鸭叫得时间最长，用母鸭不停地喊，魂魄才会回来，所以要杀母鸭。

十一、杀猪节

坝美村每年杀年猪都要请亲戚朋友来吃年猪饭。一是感谢一年以来亲朋的帮助，因为有亲朋好友的帮助年猪才长得大；二是增加亲朋好友的凝聚力，吃了年猪饭，大家团结一致，有事互相帮忙。

十二、祭祖节

坝美村的六个姓氏都要祭祖，但祭祖的时间不同。黎姓、周姓、李姓、徐姓祭祖时间是大年三十晚上 6 ~ 7 点左右；黄姓祭祖时间推迟到大年三十晚上 12 点，也就是大年初一的子时；而侬姓人家要到初二早上才祭祖。

第四节　信仰与崇拜

一、自然崇拜

坝美的自然崇拜很多，崇拜天地、神灵、龙蛇、奇石、怪兽、树木、江、海、井、泉、太阳，甚至莲花、蚌、床都崇拜，还有花公花婆也是崇拜的对象。

崇拜天地。坝美人认为天主宰世间万事万物，天能赐给人间生存物质，五谷是否能正常生长，人畜能否兴旺，人一生的贫穷富贵都由天安排，称为天命。天可以惩罚人类，用雷、风雨、热、冷等方式给人类制造祸端。不遵守人类道德的用雷劈，不敬奉神灵的用狂风吹、用大水冲，用酷热、严寒惩罚，使之不得安宁。同时也可以让其风调雨顺、百业兴旺。崇拜地，地能生长万物，养育生命，没有地就没有人。坝美人把天和地联系起来，认为天是公的，地是母的，俗称天公地母，天属阳性，地为阴性；只有阴阳结合，才会有日月星辰。坝美人认为地下还有地狱，人活着要是不孝顺父母、干坏事，死后就会被惩罚下地狱，地狱有 18 层，坏事干得越多，下的地狱越深。反之，也有天堂，人活着孝敬父母，为人类社会做好事，死后就上天堂。

崇拜龙蛇。认为龙和水分不开，凡大水、洪水、深水里都有龙主宰，而龙由蛇修炼得道而成，所以蛇也受到崇拜。坝美主要种植水稻，没有水就没有稻，而水由龙主宰，龙又能生风、生云雾、驭雷公、降雨水。村中设龙山、龙神、龙树，在龙山、龙神、龙树旁不能寻欢作乐，不能大小便，否则会带来祸端。

崇拜奇石、名花。很多壮族村寨会选择一块硕大、样奇、雄伟的大石头当神石崇拜，婚后多年不育妇女要去祭拜神石，祈求保佑送子送福。孩子生下来后昼夜啼哭，要拜花公花婆，保佑孩子平安，快快长大。

图腾崇拜。坝美壮族有多种图腾崇拜，如崇拜龙、蛇、猴、牛、马、虎、麒麟等，各支系、各氏族的图腾崇拜不同。

二、祖先崇拜

坝美壮族和所有壮族一样崇敬祖先，都知道没有祖先就没有自己，凡有文化的家族都要修族（家）谱，追思各代祖宗姓名、族源。

坝美壮族认为祖辈、父母死后，其灵魂不散，像活着一样随时统领着家里一切，家家户户设神龛置香案供奉。

坝美壮族敬神，不怕神，认为神只保佑，不害人。敬鬼又怕鬼，认为不敬鬼，鬼就害人。坝美壮族认为白天为阳，是活人活动的时间；夜晚为阴，是鬼活动的时间。为避鬼，晚上背小孩出门或远行，手臂上要拴茅草避邪。

村里出现天灾人祸，人畜发生传染性疾病，要请道公到场主持法事，打扫寨子，驱魔赶邪，除去邪恶。

坝美壮族相信占卜，春节、中元节祭祖的大公鸡头骨等（称为卦）要请懂卦卜的人看卦预测吉凶。

三、禁忌

坝美村的壮族属沙支系，禁忌很多。沙支系忌食黄鳝、狗肉。正月初一忌进别人家门，忌扫地、吹火，不睡懒觉，不交易，不洗衣，不借物。正月初一至初十忌上山砍柴、下地劳动；三月第一个龙日和端午节忌人畜下地劳动；腊月三十晚、七月十四日忌与外人共餐；日常生活中吃剩饭菜禁抛撒，用来喂家禽家畜；正月初一至初五屋内火星不灭，神龛上长明灯不熄；在屋内不能吹口哨；席间媳妇不坐上席；未婚女儿不能领其男友回家住；出嫁姑娘不能回娘家生小孩；公公不进儿媳房间，伯伯不入弟媳卧室；婴儿未满月，禁孕妇等外人或妯娌入产房；孕妇不能探望产妇、采摘果子、从老人面前走过；不准在各类寺庙、社稷、龙树等祭祀场所周围大小便；禁在灶门前哭泣、咒鸡、骂狗、骂儿女；禁妯娌姑嫂吵架；不在灶前赤身洗澡梳头；忌戴孝布（白帕）入别人家门。

第五节 文化教育

一、学校的发展变化

民国以前，坝美村处于封闭状态，没有学校。偶有几人识字，是走出来到法利、阿科等地接受的初小教育（1960 年以前，当地小学教育分为两个阶段，1 ~ 4 年级称为初小，五六年级称为高小），读完高小的很少。新中国成立后，为培养少数民族参加社会主义建设，1953 年开始在村里办初小。1975 年以后办高小，师资多为本乡派来的民办教师。学校为民办学校，由教育部门付给民办教师微薄的生活补助费，村里分给民办教师粮食。村里生产出来的农副产品也给民办教师一部分。由于封闭，几乎与世隔绝，愿到坝美教书的人很少，学校的教育质量得不到保障。改革开放后，国家重视民族教育。在普及义务教育期间，新择校址，于寨子中间建成有五间教室、两间教师宿舍的学校，此后又逐步添加教学设备，支砌围墙。派三名公办教师到学校任教，教师有国家发给的固定工资，村里不用给他们任何补助。学校教师搞复式教学，1 ～ 6 年级都可以不离村就读，期间，适龄儿童入学率几乎达到 100%，教学质量稳固提高，为坝美村扫除青少年文盲，提高村民受教育水平做出重要贡献。

二、受教育程度

坝美村民在改革开放之前受教育面不广，至今 70 岁以上老人虽无文盲，但平均受教育年限仅为 4 年。“普六”后的中青年多数读完小学 6 年，上初中的只占 50% 左右，“普九”后有 95% 的人读完初中。现在 35 岁以下的人都具有初中文化水平，上高中、大学的较少。除外出工作人员外，村民受教育年限不到 7 年。

三、成人教育

村里的成人教育起源于改革开放之后，教育者为县乡农业科技部门，内容主要围绕农业、养殖业、种植业来开展。如培训农民种植杂交水稻、施肥、洒农药的方法，如何科学养殖家畜家禽等。坝美景区建成后，带来很多科学的管理知识和生产知识，还专门培训了一批宾馆、饮食业人员，有五户农民被选派去培训旅游工艺品制作，这一部分人在坝美村率先富起来。

四、科学教育

中华人民共和国成立后，先后有不少科技人员深入村里搞科普教育。效益最显著的是从 2002 年开始打造“世外桃源”旅游业至 2016 年这一时期，各种各样的考察团队来这里规划、设计。村里人应邀参加这些活动，开阔了眼界，对如何建造好自己的家园有了信心，人们在短短的十多年内感受到多少代人没有的飞跃式发展和变化，人们从全封闭状态被引入全开放理念。

第六节　医疗卫生

一、卫生

坝美是广南县低海拔地区，但气温有河流调节，不甚炎热。旧时，村里没有任何公共卫生设施，环境卫生较差，人住干栏式房屋，没有厕所，白天人到僻静处解大小便，晚上就在房间里的床边楼板处凿开一个洞。

坝美是一个讲究个人卫生的村寨。在河道里分设男河、女河，劳作过后，男女都要分别跳进男河、女河中去洗澡。此风俗沿袭至今，从未有男女混淆。

中华人民共和国成立后，党的民族政策照耀到这里。从土地改革时期开始，党和政府经常派人进入村寨宣传卫生与健康知识。人们开始重视环境卫生，清除牲畜粪便，疏通沟渠，排除污水。每逢有传染病发生，除吃大锅药整体防治外，全村都要用石灰和药物消毒，这

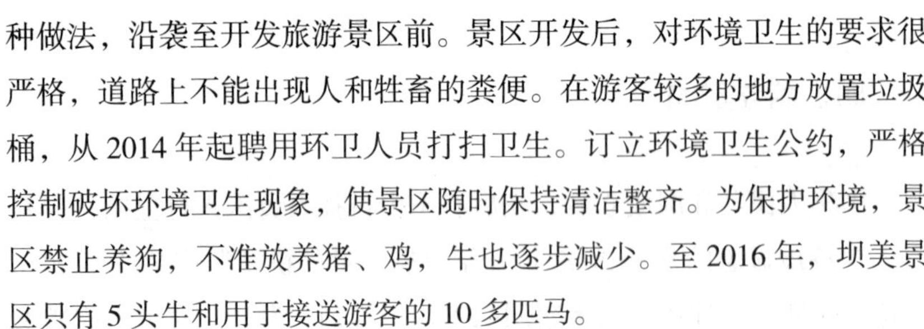
种做法，沿袭至开发旅游景区前。景区开发后，对环境卫生的要求很严格，道路上不能出现人和牲畜的粪便。在游客较多的地方放置垃圾桶，从2014年起聘用环卫人员打扫卫生。订立环境卫生公约，严格控制破坏环境卫生现象，使景区随时保持清洁整齐。为保护环境，景区禁止养狗，不准放养猪、鸡，牛也逐步减少。至2016年，坝美景区只有5头牛和用于接送游客的10多匹马。

二、医疗

中华人民共和国成立前，村里均无医疗设备和医护人员。但是，村子周围到处长满植物，有很多名贵中草药，如石斛类、山豆类、豆瓣草、猪鬃草、猴结等。村里人就用这些中草药治病，民间懂中草药的人也不少。但村民多迷信，若发病用中草药治疗不好，就认为是妖魔鬼怪缠身，请巫婆跳神弄鬼。现在，坝美村民已改变迷信习俗，有病即到医院就医。

中华人民共和国成立后，在乡镇建立医疗机构，村里建立卫生室。坝美村设有乡村医生，一般小病在村里就能解决，较严重者则送到阿科卫生院或八达卫生院治疗。国家实施合作医疗改革后，全村人都参与“新农合”，村民生病可以按病情送各级医院检查治疗。

第七节　文　艺

一、民歌

广南壮乡是歌的海洋、舞的世界。坝美民歌种类繁多，有歌唱生活的、歌唱爱情的欢歌，也有悲歌。人们在家里唱，田边地角唱，赶集路上唱，风雨桥上唱，大榕树下唱。

坝美的山歌直接唱到中央电视台的大舞台上。2012 年，坝美山歌队参加云南省第四届青年歌手大奖赛获原生态唱法金奖。2016 年又代表文山州参加全国民歌大赛获得好成绩。

坝美唱民歌的形式多种多样，有独唱、合唱、对唱。

独唱，一般唱历史。专门的歌手，有传统的内容，句式最少四句，多到上千句，每句字数不等，有五字、七字、八字、九字的，甚至多到十多字，可以一直唱下去。

合唱，几个人一起咏事咏物。这种唱法，一般是三四个人，以一个人为主，先发声，其他人随后跟上。

对唱，主要是男女之间交流感情。但这种对唱也多用合唱形式，一组男的跟女的对唱。赶街路上，男女青年边走边唱，先是一组男的与一组女的对唱，这其中就在寻找单独对唱的人选。一旦男女双方选中对象，便一男一女离开集体对唱群体，到树荫下、田埂边两人对唱。壮族男女青年就是用这种方式表达爱情、喜结良缘的。

坝美民歌的特点：

铺陈。只要先确定一个内容，就可以铺陈。如表达男女爱情，不是像汉族民歌，通过比喻、双关等手法，集中表达爱慕之情，而是直截了当地以某个姑娘来到本寨子为引子，如以“姑娘来我村，姑娘来我寨”为开端，一路唱去，然后才唱到对姑娘的爱慕之情。这种铺陈形式，能容纳的内容多，语言像讲话一样，易编易唱。

表达形式用起兴手法。如“你来和我唱，你话和我说”，意思是我们两人一起谈心里话。

多用整句。壮语民歌不讲对仗，一首歌的句子，有时不限奇偶数，用五句或七字，但常常有意地使用整句。一个意思用两句唱出，只变换其中个别词语。

音韵。坝美壮族民歌的歌词不需要押韵，但重视音韵的和谐。其再现在整句中，主要注意最后一个音节。一般前句是平声，后句就是仄声。或者前句是仄声，后句是平声。

坝美壮族民歌种类繁多，如唱人类起源的古歌，诉说个人苦难的苦歌，接待客人的礼歌，生产劳动中唱的农事歌，在山中唱的语句较粗俗的山歌，还有情歌、盘歌、儿歌、酒歌、茶歌。大凡婚嫁喜事、迎宾待客、祝寿、祭祀、行丧都有歌。

坝美有祭歌仙习俗，每年清明节前一天早上，除本地人外，还有来自广西和云南红河、曲靖等地的壮族歌手聚集在歌仙坟前，焚香、烧纸、献饭，祭拜结束后便展开整天的民歌对唱，短则一天，长则三天。传说此歌仙从广西一路唱歌到阿科，当地人见她看到山就唱山，看到水就唱水，她眼睛所能看到的都能用歌声表达出来，深受人们的喜爱，当地人就把她留下来。歌仙活着的时候带出了很多徒弟，她的徒弟又代代收徒，现在健在的还有 8 人。

坝美本村唱山歌的地方，很多时候是在大榕树下，集体对唱后，男女互相选择好对方，分散去唱，有诗曰：

葳蕤大榕蔽骄阳，树荫下面站伢娘。
人美歌好招勒冒，成就情人一双双。

在有了爱情基础后，男女会不分白天晚上相约到风雨桥上去唱，因为在大榕树下男女是不能幽会的，于是改在风雨桥上。凡是壮乡有河流的村寨，至少有一座风雨桥，坝美也如此，风雨桥的作用有民谣：

风雨桥，避风雨，
大雨滂沱进桥里，
免得淋水通身湿，

歌圩

坝美新风雨桥

休息又保体。
风雨桥，遮太阳，
赤日炎炎似火烧，
躲进桥里好乘凉，
比坐家里强。
风雨桥，好歇稍，
劳动过度体不支，
坐在桥头消疲劳，
补神养精好。
风雨桥，银河渡，
情人深夜相幽会，
幽成百年好伴侣，
忠贞不糊涂。

在民国及以前时期，男女青年用唱歌寻偶，在双方情投意合后，各自告诉父母，多由男方请媒人到女方家说亲，包办婚姻时代的对歌有一定局限性。中华人民共和国成立后，各民族实行婚姻自由，壮族男女青年用对歌谈情说爱达到高潮。

随着经济发展，很多青年外出打工挣钱，很难听到对歌。坝美建设成为旅游景区后，很多人返乡投入到旅游服务行业，开农家乐、农家宾馆，游客很想听到这种歌声，于是，坝美的山歌再次唱响。

坝美山歌的内涵很丰富。过年有过年的歌，喜庆日有喜庆的调，喝酒有敬酒歌，客人回家有送客歌。

二、文艺团队

坝美村虽然和其他壮族寨子一样是歌的海洋、舞的天堂，但是在 2001 年之前没有一个正规的演出团队。唱歌队伍是自发性的，每逢吉庆日要到外寨活动，由寨老或有一定文化素养的人临时组织，演出活动结束后随之解散，下次有活动又临时组建。坝美村开发成为景区后，为接待各级部门的考察和满足游客需求，组建了一支 15 人的演出队伍，平时劳动生产，各自从事自己的职业，需要时临时组织演出。

第八节　体　育

坝美村的体育活动与其他壮族村寨的传统体育项目基本一致，舞狮、武术、打磨秋、游泳是常规项目，只有踢草球、竞舟是坝美特有的。

、舞狮

舞狮是壮族的传统文化体育项目。坝美舞狮均为一人“狮”，舞狮必须有武术配合，俗称为一“泼”。舞单狮一般在正月的初三至十五日，在本村或进城给接狮子的人家拜年贺新春。经济条件殷实的人家，在送葬老人时，也会请舞狮队去舞狮。

二、耍龙

传说中的龙为中华民族崇敬的吉祥物，坝美耍的“龙”是用竹篾扎成的龙头、龙身、龙尾形象，糊纸着色，以彩布连接成一条龙灯，舞动起来称为“耍龙”。耍龙和观看耍龙是各族人民都喜爱的大型文

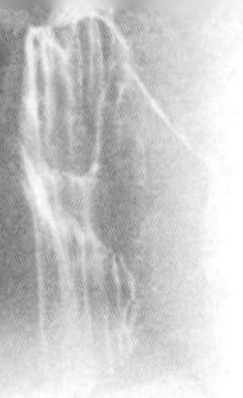

耍武术

体活动，历代盛行，按习俗在正月初三至十五日活动。现在，庆祝地母诞辰也要耍龙，整个过程除耍龙外，还有鹬蚌相争、耍大头儿、踩高跷。

三、荡秋千

荡秋千是广南各族人民在春节期间进行的一项体育游戏，坝美村历来盛行。荡秋千有三种：一是秋千（又名荡悠千）；二是打磨秋；三是荡“观音秋”。多在春节期间开展，妇女、儿童尤为喜爱。

荡秋千是在宽敞场地搭两个三脚架，之间放一横梁，用很牢固的皮条或尼龙绳拴在横梁上，高度往往在10米以上，有单人荡和双人荡，是胆大的成年男性玩的。也有拴在树丫上或其他架上的小秋千，大人小孩都可以玩。磨秋是打一根桩，顶部削尖削圆，在一根长数米的圆木中间背一条方木，中间打一圆孔，套在桩上即成。“观音秋”较为复杂，用一筒大圆木，对称在两端打4个或6个孔，插进圆木并固定稳当，圆木两端做成轴心，做两个三脚架，轴心就搭在三脚架上，穿在圆滚筒的木头两端，再用木头做横杆，在横杆上拴绳子和座板。有6人和4人“观音秋”。

四、打陀螺

坝美流行的陀螺用硬木制成，上半部圆顶，下半部状似螺蛳，以绳绕下半部用力抽绳，使之直立旋转。

玩法一：两人以上均可玩，抽转陀螺，以旋转时间长者为胜。玩法二：先转陀螺定顺序，谁的先停谁当靶，将自己的陀螺抽转在地上供对方打，打中了再支，若打不中即替换当靶，以此循环交替定输赢。

五、踢草球

踢草球是坝美特有的一项传统体育活动。旧时坝美处于封闭状态，年头时节，人们没有玩的东西，就扯来一些有弹性的草和叶，用藤子和自纺棉线捆扎成球体，大小不等，大的有篮球那么大，小的只有皮球大，拍到地上可以跳起来。两人以上就可以玩，也有多人传球和抢球的玩法。坝美踢草球的时间主要在春节和小年期间。

六、游泳

坝美人生活在河边，河中滩塘众多，有深有浅，还分成男河女河，人们从小就要学会游泳，以适应生活。坝美人没有不会游泳的，一群男人在一起往往要做各种游泳动作的比试，一群女人在一起也会比赛游泳，水性特别好的青年受到大家的敬慕。

七、竞舟

坝美进村和出村都必须乘舟，因河道狭窄而弯曲，船只能做成长条形，这种船被人们称为猪槽船。过去是用整棵树挖空心做成，又称独木船，现在用铁皮做成。划这种船非常讲究技术，一不小心，船就会翻。坝美人，尤其是男子汉，他们在划船时，总要比赛谁划得快，谁划得平稳，谁划得好看。

第九节　手工技艺

一、纺纱织布

坝美人旧时与世隔绝，过着男耕女织的桃源生活。人们自己种棉花，自己纺织，自己制衣。纺纱织布是坝美妇女的绝活。人们称壮族自做的布为土布。坝美壮族土布主要用于制锦、刺绣、包帕、制被、缝衣，它有夏日吸汗、冬天保暖、沥水性强、容易洗涤等优点。

壮族土布从种棉花到织成布的全过程都由心灵手巧的壮族妇女完成。棉花收回家晒干、除籽、弹泡、裹成小筒、碾成粗线，然后在纺车上纺一遍。纺线时，分左纱和右纱，左纱在纺车上逆时针方向纺，右纱顺时针纺。线纺好后上浆水，洗涤后按所需要的长度排线装梭上机编织。用于制锦、刺绣、缝衣的土布，织布前不染色，织布中经纬线排列有序，精密度高，要求无疵。布织出后用碱性或酸性水泡洗漂白备用。缝衣土布织好后，用蓝靛煮沸染漂晒干，再用白芨春煮浆打

织土布

染晒土布

磨，使之黑里透亮。制被和包巾土布，棉线要染色（通常为黑白红绿四色），直接织成花格布。壮族视左纱布为上品，在选择棉花纺线时，把洁白、纤维长的棉花用于纺左纱。壮族土布一般宽 40 ~ 50 厘米，长 40 米以上。壮族土布纺织工序复杂，现在壮族妇女在市场上直接购买棉纱织布，产量大幅度增加。

二、制造引水、提水工具

坝美主要农作物是稻谷。种植稻谷必须有水，坝美河水在田的下面，如何把水引到上面稻田，用别处河谷村寨堵坝提高水位的方法在坝美行不通，因为坝美坝子平坦，堵不了坝，于是坝美人想出了两种古老的提水工具：龙骨水车和天车。

（一）龙骨水车

用多片木料做成叶片，再用圆木做成能转动的骨架子，骨架植入木制水槽，在骨架的上端安装手摇柄或脚踏板。栽秧时，把龙骨水车一端放在河中，一端朝田里放置，用人去绞摇柄或用脚去蹬踏板，水就能从河中顺水槽提到田里。

（二）天车

在河道旁打桩两个，在相同高度凿两个孔，把木制轴或钢轴置入孔中，使之旋转自如，在轴上做双层大圆圈，在大圆圈上扎上竹筒或无数木片，竹筒或木片的一端比另一端稍高，在木桩和大圆圈上游做一段水沟，水从沟里直冲到竹筒或木片上，大圆圈受水一冲便旋转起来，用枧槽接住竹筒带上去的水，便把水提到田里。天车比龙骨水车的优越性在于不用人工去摇，并且能长年累月不停地把水引到田里。

天车

制造龙骨水车和天车需要高超的手艺，否则，龙骨水车绞不动，天车转不动。如今，天车成为坝美景区一道亮丽的风景线。特别是城市人见到这种原始的提水引水工具，无不赞叹不已。

三、造船

进出坝美村有两种走法：一是陆路，从出水洞村翻山越岭进去需要两个多小时。山上怪石嶙峋，崖壁如刀劈斧削，山路崎岖，荆棘横腰，寸步难行，一不小心便会滑落崖下，甚至跌入洞中，掉进暗河。二是走水路，从出水洞村的出水口进去，水路全程只有 900 余米，需坐船行驶 10 ～ 15 分钟。因此，极少有人从陆路进入坝美村。

船由何而来？1949 年前，坝美村周围到处是参天大树，质粗质细的树都有。制船需要浮力好的木材，于是村民选择泡桐、木棉等质

独木船

木船和铁皮船

粗浮力好的树，把两头削尖，中间抠空，便制成了船。但是，这种船的寿命很短，安全系数不高。他们又选择红椿、细松等质细的树做船，下船前涂上一层桐油或清光漆防水。中华人民共和国成立以后，他们把成材的树砍下来解成木板做船。用木板做船程序复杂，稍不认真便会接缝脱离。坝美建成旅游景区后，为保障游客的安全，统一使用铁皮船。这种船浮力好，操作灵便，每只铁皮船可乘坐 1 ~ 6 人。不管是哪一种新船，坝美人都要择吉日才让船下水。

四、生产旅游工艺品

凡是旅游景点，都要有旅游工艺品跟上。因为游人每到一个地方旅游，大多要买几件工艺品回去作纪念。坝美人也懂人们的心理。刚接待游客的那几年，他们的工艺品就是简单的草球和做工粗糙的竹筒。草球是用青草、树叶或藤做的，一两天就不能再用了。竹筒由于做工粗糙，无人问津。旅游局为打破这种局面，首先派出 5 户困难的家庭劳动力到外地学习工艺品制作。这 5 人学成后，回到景区制作猪

制作工艺品的村民

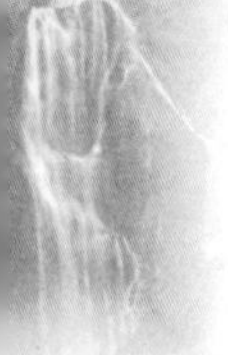

琳琅满目的工艺品

远山和近水

又一村

槽船模型、龙骨水车模型和天车模型等工艺品，还能缝制土布马甲、土布衣裳等，又从大理等地引进银器加工工匠。至2016年，坝美景区旅游纪念品琳琅满目，深受游客的欢迎。

第四章　生产方式

坝美村人早先多为躲避战乱而进村，建村比起周围壮族村寨要晚上千年的历史，至于他们的祖辈是不是壮族，黎、黄两姓说不清楚，其他姓氏也说不明白。从祭祀情况判断，最初来自不同地区、不同民族，语言也不同。但是建村200余年后的今天，生产方式已被周围壮族同化，现只保留部分节日传统，就连语言也完全变为壮语。生产方式基本和广南其他壮族村寨一致。长期日出而作，日落而息。下雨停工，按季节忙时早出晚归，闲时自由安排。在1990年以前，村里人除食盐要到外村购买外，其他完全自给自足，不与外界交易。吃肉，靠自己养猪、鸡、鹅、鸭；食用油不够，就自种油茶树和油菜，用油菜籽和油茶果自己榨油；穿衣，靠自己纺纱织布制衣；住房，自己砍树伐木割草或烧瓦自盖，全村人帮忙；吃鱼虾，自己下河捕捞。

第一节　耕　作

一、作息

旧时，坝美村日出而作，日落而息，天阴下雨停工休整，春秋两季农忙时，披星戴月地劳作。每逢节日，全寨停工庆贺，正月要过了正月十五才做农活。二月的小月期间，从二月初一至十八，基本不做农活，村民互相请客吃饭，喝酒划拳。二月底三月初育秧，这里的季节要比外面早一个节气，三月育秧，八月收割，八月底至九月初种植小春作物。

二、农田基本建设

坝美村四面环山，农田全部集中在一个小盆地里，总耕地面积只有136亩，人均耕地面积仅0.3亩。进入坝美坝子，人们的第一感觉是阡陌纵横，碧野舒心。坝美人早就建成高产农田30亩，有效灌溉50亩。坝美农田在高处，河水在低处，人们用天车把水提引到田里进行灌溉，因人多田少，所以农田基本没有轮歇时间。每年稻谷收获结束，随即翻犁种油菜、青菜、白菜、豌豆等作物。坝美的田野一年四季都有看点，正是：

春有菜花黄，夏闻稻穗香。
秋高谷丰实，冬菜闪油光。

春观清溪淌，夏听虫蛙唱。
白鹭依秋水，绿荫覆冬田。

三、农作物种植

（一）粮食作物

坝美村的主要粮食作物是水稻，自古耕作精细。改革开放以前主要种植老品种大白谷、红谷、白糯谷、蚂蚱谷等，面积少，产量也不高，因此居民年年有人缺粮食，要到附近村寨借。改革开放后，推广杂交品种水稻，再加上科学施肥管理，产量提高，基本能保障居民的生活所需。在村旁和南面的山地里种植少量苞谷供村民吃青苞，做鸡、猪、鹅、鸭的饲料。因长期处于封闭状态，一切都靠自给自足，所以只要有一点空地也要种上蔬菜，如辣椒、生姜、薯类、芋类、瓜类、豆类，解决生活所需。

（二）经济作物

坝美村有林地面积500亩，人均0.7亩，其中经济林果地200亩。经济作物主要种植油茶、油桐、茶叶、橘、橙，有些年份也种甘蔗。但除油桐外，基本是为解决村民消费所需，种植果类植物是解决自身的水果消费，种植油类植物是为解决村民的食用油问题。有少量杉木林，为村民自用料。

第二节　养　殖

一、大牲畜

坝美村自古以农耕为主，水牛是必不可少的代劳工具。景区建成以前，每户至少有一头耕役壮牛和数头小牛。随着农耕机械（微型拖拉机）的普及，人们改牛耕为机耕。再加上为保护景区环境卫生，旅游部门不主张养牛，至2016年，全村只有5头水牛，留下来作为“世外桃源”男耕女织生活的象征。

马是运输工具，有村就有马。现在养马数匹，用来驾车接送游客。

二、畜禽养殖

家畜有猪、狗、猫等。开放景区后，狗被禁养，猪也很少，每

麻鸭戏水

铁笼养鱼

家只养1～2头猪，供过年自家杀吃，不作为商品。各家各户用原始方法饲养猪，不放任何催长素，保持喂熟食，养出来的猪肉味道鲜香，猪油更好。家家都养鸡、鸭、鹅。现在，鸡只能圈养，鸭、鹅可放到河道里让其自由觅食，增加景区情趣。

三、水产养殖

坝美山上有珍禽异兽、山珍美味，水中有百鳞游弋。坝美村经常有鲜鱼佳肴上桌，但不见养鱼塘。其实，这些盘中美味就出自本地。顺河道观赏风景，总会见到一些铁笼或者竹笼放置在河水中。每年，雨季洪水一涨，很多种类的鱼便会由暗洞涌出顺河游弋。当地村民用捞兜捞鱼，捞到的鱼除当天食用外，就养在这些铁笼子里，什么时候吃什么时候去拿。

第三节　劳动力安排

一、职业

景区未形成之前，坝美全村以种植业为主，人们没有经济意识，没有商品观念，更没有到外面观光旅游、拓宽视野的念头，金钱对坝美人来说不是很重要。每年栽种薅产农活做完后，全村人总爱在大榕树下乘凉聊天，青年男女会在农闲时走亲串寨，寻觅知己，一直要到秋收时才下田收割。

景区建成后，坝美人的经济意识大幅增强。全村160户418人参与景区营运或依托旅游发展经济，占总人口的61.02%。其中，参加景区营运的船工有206人；经营旅馆饭店的有54户162人，可提供房间520间；经营小摊贩的50人，主要销售旅游工艺品、当地特色小吃、烟酒饮料等。

二、投入

全村农业人口675人，劳动力264人，从事第一产业243人。随着农业生产效率和集约化程度的提高，景区旅游业服务队伍的饱和限制，坝美村也出现剩余劳动力现象。到2015年底，组织就业培训4期，转移劳动力再就业15人，劳务收入达45万余元。

三、外出打工

2001年开始打造坝美景区后，坝美人的经济意识有了跨越性的飞跃，人们意识到，要使家庭富裕、村寨强盛，必须有雄厚的经济力量来支撑。在广南县打工经济政策的推动下，坝美村外出打工劳动力50余人，这些人用打工挣来的钱供子女读书，建设房屋。2002年坝美旅游业对外接待游客后，这些人中的多数又返回村里自己创业。他们把从外地学来的管理经验、生产技术用于建设本村，使坝美在短期内摆脱贫困，走上富裕的道路。2016年在外打工的只有15人。

第四节　社会经济

一、经济来源

1998年以前，坝美村处于比较封闭的状态，虽然境内有很多自然资源可以开发利用，但没有充分利用，如野生中草药材、茶叶、油茶、竹子等。在合作化年代，就靠村里的集体经济，出售余粮。年终结账，分红按劳动力出工天数算，劳动力多的家庭仅能分到几百元。

改革开放，土地承包到户后，坝美村民以户为单位，经营自己的承包土地。根据地少人多的状况，剩余劳动力或农闲时期开始向外转移做工，农副产品也开始进入市场。进入市场的农副产品主要有油茶果、油菜籽、鹅鸭及蛋类。在这时期，人们的衣服开始转为到市场购买。因织土布的工序太复杂、产量低、劳动代价太高，织土布的人越来越少，栽棉花的地腾出来种其他农作物。现在虽然也还有织土布的人，但她们已不自己纺纱，而是从外地买来机纱织布。来坝美的游客对土布衣服很感兴趣，土布和土布制品成为坝美的畅销商品，增加了坝美的经济收入。

旅游景区建好后，坝美的经济来源主要靠旅游业支撑。2015 年共接待游客 18.32 万人次，实现门票收入 1469.51 万元，与上年同比分别增长 34.5%、8.13%。2016 年 1—6 月，接待游客 7.9 万人次，实现门票收入 519.09 万元，景区农民收入 296 万元。

2015 年，坝美村经济总收入 536.3 万元，人均纯收入 7250 元。

二、精准扶贫

坝美景区建成后，游客走得到的人家先富了起来，但住在偏僻处的人家难以致富。村干部尽量把贫困程度拉近，在购置游船时，平均每户人家都有一条船，偏僻住户家庭养牛马，搞畜牧产业和用马车运送游客。

坝美景区在初接游客的 2001 年，农民人均纯收入 1680 元，至 2015 年增长到 7250 元。村民高收入人群占总户数的 15% 左右，中等

马车穿梭运客忙

收入人群占80%。因残、病、缺劳动力、缺技术等原因而导致贫困，家庭人均可支配收入低于2855元的有11户33人，占总户数的5%。

扶贫办法：一是扶志，鼓励贫困户要有志气，不要懒，要奋斗；二是扶智，帮他们找出路，送出去培训生产技术，使他们有一技之长后，和大家一起拼搏，争取早日脱贫；三是对老弱病残、五保户做经济投入，捐资捐物解决他们的生产生活问题，对因病返贫的农户，除合作医疗报销的医疗费用外，实施民政救济。

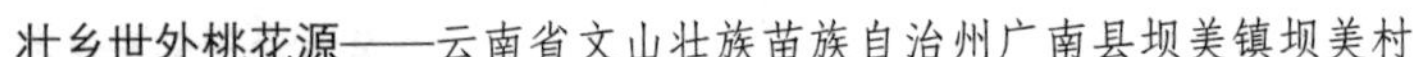

慈母手中线，游子身上衣

根深蒂固

树木爱花草

怪石修竹

第五章　村寨管理

寨老制度是壮族村寨的一种古老的民间管理制度，是为维护村寨秩序、解决纠纷、协调各种关系建立起来的，寨老制以宗族、家族为基础，有严格的组织结构和独特的功能。寨老制度在坝美沿袭到中华人民共和国成立后、合作化以前，1958 年后被人民公社下面的生产队取代。1978 年党的十一届三中全会后，土地承包到户，建立自然村管理组。

第一节　寨老议事制

一、老人亭

壮族村寨的老人亭是壮族头人议事和办公的地方，在老人亭内要供奉寨老的姓氏牌位，每逢解决疑难纠纷、民事刑事案件都要先祭祖，然后才能根据“神灵指点”去解决。

旧时，社会和氏族由家庭构成。家族有族长，管理本家族的事务，而老人亭是管理全村事务的，由家族族长构成。坝美在清代由黄、黎、侬三姓族长构成老人亭管理组织。

二、寨老

只有年纪大、办事公道、作风正派、有魄力、有工作能力、肯为大家办事、取得群众信任的人，才能被推举为“寨老”，可以连选连任。

寨老的职责：一是主持制定村规民约，让大家共同遵守，对违反村规民约的作出处理；二是维护村寨秩序，调解村民纠纷；三是维护和掌管村寨的公共财产；四是组织公益建设；五是组织集体性祭祀；六是主持村里的长老会，决定村寨的重大事情；七是组织村民抵御外侵，代表村寨利益与外界交涉打官司，接待官长；八是组织村民缴纳各种赋税捐赠。

第二节 村规民约

一、民国及以前的村规民约

坝美村民国及以前的村规民约条文未保存下来，有多少条款、执行情况、效果如何都无处考证。但是从坝美村民至今还保留的无偷盗、无奸淫、和睦相处、以人为本、一家有事全村帮忙的传统习惯来看，坝美村规民约的主要内容包括：

第一，禁偷盗。村寨里无论是公共财产还是各家各户的私有财产，任何人不得偷盗，违者将受到罚款和惩治。偷盗别人家的粮食、杂粮、物品者要罚钱，偷盗家禽要罚钱，偷盗地里农作物要罚钱。

第二，禁赌博、吸食鸦片、行乞、恶棍等行为。

第三，禁通奸。

第四，对财产的继承，家庭财产由子女继承。若无子女继承时，族长就主持族内近亲属继承。先由近亲再到远亲依次选定，对无子女老人的养老送终，也如此操作。若再无人继承和养老送终，则由村里各家各户出钱粮赡养这些孤寡老人，死后房屋财产由老人亭处理。

第五，维护公共地、道路、风水、后山林木、荒山、牧场、水源、墓地，任何人不能私占损害。全村全寨的公益建设，如道路、水利、桥梁、庙宇、学校、凉亭等，需家家出资出力，共同建设。

二、现在的村规民约

2001 年坝美正式建成旅游景区对外开放，为维持优良传统，构建和谐景区，坝美村面对现实，制定出适合新形势的村规民约。自 2001 年后，每年都对村规民约进行修改。2016 年制定的内容如下：

为了加强坝美村旅游景区的保护和管理，加强社会治安综合治理，创建精神文明，树立良好的社会环境和良好的社会新风尚，实行依法治村，根据《中华人民共和国宪法》《村民委员会组织法》和全村群众大会的决议，特制定本《村规民约》。

1. 严禁在本村景区河道内倾倒和排放不达标废水、土石、废渣、垃圾、残剩食物等废物和动物尸体。如有违反者，限期治理、清除污染物，并罚 500 元以上 2000 元以下的违约金。

2. 严禁在本村河道内炸鱼、毒鱼、电鱼和使用有害作业方式捕捞鱼类。如有违约者除没收渔具、渔获物外，并处 1000 元以上 5000 元以下的违约金。

3. 禁止侵占河道、围河围滩造田建屋、擅自拦河建坝、开挖河道等，如有违反者，责令停止违法行为，限期恢复原状，拒不恢复的，指定有资质的单位代为恢复，所需的费用由违法者全部承担。

4. 严禁毁林开荒、乱砍滥伐林木、景区林内野外用火，如有违反的，责令停止行为，限期采取补救措施，并罚 300 元以上 1000 元以下的违约金。情节严重的报森林公安处理。

5. 破坏景物或者在设施上刻画、涂污，破坏、擅自移动旅游区界标或擅自设置广告牌、灯箱、标语的，处 100 元以上 500 元以下的违约金。

6. 破坏溶洞资源、盗采钟乳石的，责令停止违法行为，并罚 100 元以上 500 元以下的违约金。

7. 违反规划、私自搭建的限期拆除，逾期不拆除的，依法强制拆除，拆除费用由违反者承担，并处 5000 元以上 10000 元以下的违约金。

8. 擅自采摘破坏本村林区珍稀植物和捕抓野生动物的，没收实物和违法所得，并处 300 元以上 1000 元以下的违约金。情节严重的并处 3000 元以上 10000 元以下的违约金。

9. 随意摆摊设点、兜售旅游产品的，责令停止违规行为，并限期改正，处 500 元以上 2000 元以下的违约金。

10. 本村旅游项目施工过程中，施工单位或者个人应当采取有效措施，保护景物及周边植被、水体、地段，不得造成污染和毁坏，保障旅游区安全。项目施工结束后，必须及时清理场地恢复原貌，如不恢复原貌的，本村小组另请他人恢复，所产生的费用由当事人承担。

此《村规民约》自 2016 年 6 月 1 日开始执行。

第六章　特色产业

21 世纪以前，坝美村里几乎与世隔绝，很少与外界联系。进入村寨，这里的女人扎着羊角帕，穿着黑色服饰，脚蹬绣花鞋，有的在春碓推磨，有的在古老的木制纺织机前纺纱、织布，有的在绣壮锦；男人们有的在田里耕作，有的在河里打鱼，有的上山打柴；小孩和老人们挑着竹水桶去井里打水。因少与外界接触，很多人不会说汉语。坝美村当时的生活情境，恰是陶渊明笔下的“世外桃源”。20 世纪末期，副县长戴绍林带领工作队进入坝美村调查研究后认为，坝美很有开发旅游业的潜力。在与县志办顾问曾昭富、主任文耀海沟通后，县志办随即派出夏云华、钱大勇等工作人员进入考察，收集图文资料后以“坝美风光”为题刊登在《广南古今画册》上（2001 年）。夏云华写出专题文章《坝美风光》，后刊登在《广南古今》第二集上（2001 年）。后又有县委宣传部何映虞等人写出专题文章发表。1999 年后，把坝美建成“世外桃源”旅游景区的呼声越来越大，“四海作家看世外桃源”后，景区正式开发建设。自 2001 年开始接待游客至今，坝美村的基础设施和旅游接待设施不断改善，接待能力不断提升；2011 年 4 月，坝美景区被评为国家 3A 级风景区；2015 年，接待游客 18.32 万人次，实现门票收入 519.09 万元。

第一节　旅游业

一、自然资源

坝美景区由四村构成，即法利村、出水洞村、坝美村和汤那村。其中含有两洞，即“桃源洞”“汤那洞”；一河，即“阿科河”；两谷，即法利至出水洞河谷、汤那桃花谷；一坝，即坝美坝子。景区国土面积25.6平方千米，其中坝美小盆地7.8平方千米。

汤那洞出口

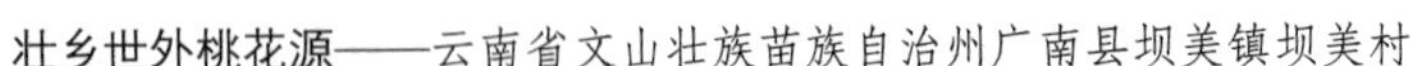

坝美村入口

坝美村出口

现代天桥

二、人文资源

坝美景区主要居住着壮族沙支系，至今传承着壮族多姿多彩的农耕、礼俗、服饰等古老文化，这里是舞的故乡，铜鼓舞、手巾舞、

古代小桥

现代风雨桥

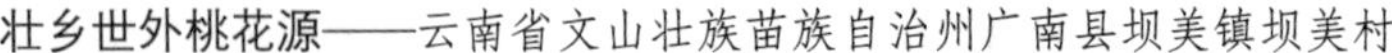

“弄娅歪”（牛头舞）随时在跳。这里是歌的海洋，逢年过节唱、生产生活唱、谈情说爱唱、红白喜事唱。河道上有古老的提引水工程——天车，河岸边有古老的干栏建筑与现代洋楼交相辉映。从 20 世纪末开发景区至今，建设了停车场、客运码头、广场、天桥、风雨桥、水榭亭阁、宾馆旅馆、餐饮店，进行了道路硬化；汤那洞里彩灯辉煌，

桃源美景

水榭长廊

山上、路旁种植了桃树、榕树、紫荆花、合欢树等上百种树木花卉。

第二节 景区建设

一、开发利用

1998 年坝美景区被发现，1999 年作舆论引导。2001 年，广南县旅游局成立后，在中共广南县委、县政府领导下，对景区作了全面规划，把一河二谷一坝四村二洞连起来，建立坝美景区。景区完全依托当地的自然资源和人文资源作项目建设，2001 年开始接待游客。

二、品位提升

在坝美景区开发接待游客十年之后的 2011 年 4 月，坝美被评为国家 3A 级旅游景区。先后荣获“云南省海内外游客最向往的旅游景区”“中国最佳养生休闲旅游目的地”“中国最具魅力乡村”“中国最佳文化生态旅游景区”等殊荣。

三、旅游人数

2001 年坝美景区对外开放后，旅游人数逐年上升。2001 年有游客 2000 余人次，2005 年增加到 2 万余人次，2008 年达 5 万余人次，2011 年 11 万余人次，2015 年达 18 万余人次，2016 年上半年接待游客已达 7.9 万人次。

四、项目建设与资金投入

自开发景区至2015年，累计投入资金10多亿元。2011年被评为3A级景区后，又紧紧围绕建设4A级景区而努力。2011—2016年，共投入建设较大工程项目17项，分别是：

1. 出水洞管理用房、垃圾房、厕所及附属设施；坝美风雨桥至桃源洞口游路。项目于2011年6月实施，2012年8月完工，共投资277.78万元。

2. 坝美出水洞大坝、灌浆、码头、风雨桥。项目于2009年6月实施，2011年6月完工，共投资421.31万元。

3. 坝美景区猴爬岩管理用房、公厕、马厩；汤那公厕。项目于2009年3月实施，2012年4月完工，共投资125.87万元。

4. 西西路至汤那村游路；汤那停车场、河堤挡墙、土方回填；法利游客服务中心挡墙、土方回填。项目于2011年6月实施，2012年10月完工，共投资844.12万元。

5. 坝美旱洞游路；嬉水区码头堵漏；坝美进村公路、停车场和垃圾中转站；桃源洞码头建设。项目于2010年4月实施，2012年12月完工，共投资280.823万元。

6. 河心岛园林小品；坝美歌舞广场回填土工程。项目于2011年6月实施，2012年5月完工，共投资548.43万元。

7. 法利至出水洞旅游石板路。项目于2003年3月实施，2003年10月完工，共投资74.97万元。

8. 坝美民居示范户及民居改造。项目于2011年8月实施，2013年3月完工，共投资270.96万元。

9. 核心区广场、游路、道路、廊架、公厕、舞台、购物楼建设。项目于2011年6月实施，共投资115万元。

10. 出水洞商贸一条街建设。项目于 2011 年 6 月实施，共投资 212 万元。

11. 实施景区各码头安全设施、设备购置建设。共投资 80 余万元。

12. 实施汤那洞内线路改造、LED 彩灯设计安装和景区应急通道照明灯安装工程。2014 年 10 月完工，投资 22.85 万元。

13. 实施桃源洞内专业布线及 LED 照明灯安装设计工程。2015 年 2 月完工，投资 7.4 万元。

14. 实施法利村、坝美村、出水洞村 3 个村饮水安全工程。完成投资 160 余万元。

15. 实施广南县坝美村美丽乡村建设项目。项目于 2014 年 10 月实施，2015 年 12 月底完工，共投资 900 余万元。

16. 实施坝美景区风来亭拦河坝（滚水坝）建设项目。于 2016 年 7 月施工，2016 年 9 月底完工，共投资 95.68 万元。

17. 实施坝美景区厕所隔板更换及坝美村路口值班室建设项目。完成投资 105 万元。

五、景点简介

到坝美旅游有两种游法：一是顺流而行，所经过的地方是汤那村—入洞口乘船—出洞口—汤那河段码头—猴爬岩—坝美村—落水口—出水洞码头—出水洞村—法利；二是把第一种游法倒过来，又是一番不同的风光。

（一）法利

法利，壮语，大小河交汇之意，因位居于大、小两条河流交汇的地方而得名。沿河道直下，能欣赏到阿科河、洛里河交汇后的沿岸自然风光；若再有兴趣，还可步入原始森林中看树观花，寻找野兽、鸟

绿水通幽

竹林深处

崇山峻岭

山重水复疑无路

类踪迹。法利还是坝美镇的一个集市，若碰到街天，可在街上领略壮乡的另一种风情。

从法利进入坝美景区，有1.5千米的路程，若不是身体原因，建议步行，没有必要乘马车，沿途清澈的河水、参天的古树、被青翠笼罩的小路定会让你流连忘返。

到了出水洞村码头，高大的山峰悬崖峭壁挡在前面，“山重水复疑无路”的感觉就在眼前，悬崖峭壁下正中一个形如肚脐的洞口流出水来。码头就建在洞下百余米处，从这里乘船进入坝美村。

（二）神奇坝美洞（出水洞）

出水洞在修建坝美景区时改名为“桃源洞”，进出村寨都需要乘船经过这个幽深昏暗的“水洞”。洞长约1000米，最高处有200余米，最低处只有几米；为天然的石灰岩溶洞，洞里倒悬着无数千姿百态的钟乳石，成群的燕子在洞里翻飞盘旋，极其恢弘壮观。

桃源洞里很黑，是一个巨大的溶洞水道，洞中时而高阔，时而狭窄得只容一艘小船通过。乘船通过这条幽深的水洞，要经过4个天洞，游人可昂首仰望无限的苍穹，在黑暗中探索前进，又会突然看到光明与希望，勾起无限遐想和美好的回忆。

洞中，钟乳石千姿百态。用手电筒一照，石猪、石人、石狮、石象等栩栩如生地展现在眼前。特别值得观看的是一个被取名为“观音望月”的天洞。从天洞口照射到洞中的一条光柱，正照在一尊形如观音的高大天生石头上，好像一个人回首望月一般。

向前百余米，又有一处亮光照在一个如同静卧的雄狮身上，而水中躺着的一块圆形石头像一块宝石，由此被称为“雄狮护宝”。

洞壁岩层重重叠叠，而在岩层上又生出无数奇形怪状的石花、石桌、石凳。在洞的中间一块岩石上，站着一尊高约80厘米的人像。又有一处岩层上坐着一个石人，手电筒照射上去，恰如《桃花源记》

一线天光

的作者陶渊明，不知道他是何年何月来到这暗洞里垂钓坝美河鱼。

乘船约行 20 分钟，人们从漆黑的河道里穿过，临近洞口，豁然开朗，正是“柳暗花明又一村”。眼前是河谷、流水、翠竹、水车、农田、村舍，一个桃源仙境般的美丽壮寨。

从远处眺望，坝美村山清水秀、山外有山、天外有天的“世外桃源”展现在眼前。走进山环水绕、依山傍水、依偎在翠竹绿柳之中的坝美村，这里山奇水秀，座座大山拔地而起，山峦起伏连绵，山峰耸峙，苍翠秀美，像把太师椅环抱坝美，如屏如障。南山慈母般地把坝美村抱在怀里；东山是守护坝美村的“巨人武士”，庄严端重；北面，两座大山紧相连，两堵长约千余米、高200余米的悬崖峭壁像铜墙铁壁把坝美坝子严严实实围住；西面叠叠青山如仙女下凡，婷婷玉立于坝美河岸，个个婀娜多姿，苗条秀丽，落落大方，端庄矜持。坝美河如玉带环绕坝美坝子，绕坝穿山，河水清澈明净，四季碧波，缓缓流淌，天车随着流水长年不停地悠旋提水灌溉庄稼，群群麻鸭戏水觅食。坝美坝子千亩良田，土质肥沃，气候宜人，冬无严寒，夏无酷暑，四季披绿装，桃红柳绿，无愧为“世外桃源”。

开发前的壮乡坝美村，房屋保持传统干栏式建筑，积木而居，人住上层，畜禽关楼下。村中有一棵大榕树，枝叶茂盛，盘根错节，它是青年男女谈情说爱、对歌、相约赠送定情物和休息乘凉的好地方。寨中有懒板凳、老人亭，是寨老们集中议事、休闲娱乐的好地方。村子里，青年妇女忙于纺纱织布、洗涤漂染，赶做新衣裤、绣花鞋。不时从村子里传来鸡鸣豕哼和壮家妇女织布的机杼声，男童放牛挥鞭唱

桃源美景

牧歌，村姑在田间、地角、河边捡猪菜、洗衣物唱情歌，歌声飘扬回荡，一人唱歌万山和。

坝美，美就美在山清水秀，奇就奇在奇山奇洞奇水和淳朴的壮族风情。春天，坝美田野金黄的油菜花花香四溢，山茶花、杜鹃花、马缨花、迎春花开满山岗，展示出一幅美丽的春色图；夏天，绿油油的稻谷扬花喷香诱人，河水如蛟龙穿梭渡过坝美坝子；秋天，金黄的谷穗如绒毡覆盖坝美田野，谷满斗，粮满仓，家家欢庆丰收尝新米，喜笑盈盈；冬天，外界雪飘霜冻，原野枯黄，坝美仍碧翠葱葱。

（三）轿子山

轿子山又称椅子山、将军山、官帽山。它像一把太师椅坐落在出水洞进到坝美村的右边。相传，这里曾是一代帝王的风水宝地，壮乡又把它作为有灵气的神山——龙山。千百年来，壮乡人每年都要到轿子山前，举行隆重的祭祀仪式祈祷赐予“万庚三登之穰，河清海晏之瑞”的盛世，保佑村里不受刀兵之灾，祈求风调雨顺、五谷丰登、人丁安康、六畜兴旺。

（四）古榕树

坝美村口有一棵大榕树，相传这棵榕树已有一千多年的历史，树木高大，枝繁叶茂，巨型的树根盘根错节裸露在地面上，村里人把它叫“长寿树”“万年青树”“龙树”。坝美的大榕树是村里最古老、最神圣的树，村民们农闲时就会聚到大榕树下讲起曾经的故事，从坝美的历史传说到家长里短，从战乱纷纷到欢歌曼舞，从田里庄稼到甜蜜的情话，古老的大榕树承载和见证着坝美最真实的感动。

古榕树，在广南的壮族村寨基本都有，而且把它当作“龙树”来供奉祭祀。这种古榕树享有崇高的地位，村内无论男女老少都不允许在树脚随意大小便、乱扔垃圾或吐痰等。哪怕树干枯死或枝条自然脱

绿树丛中有人家

落下来，都不会有人拿回家当柴火烧，否则，就是对“树神”的不敬，将会受到“惩罚”。

（五）夫妻树

从出水洞村乘船逆行，一路踏歌进入坝美村口，除姐妹水车（又称天车）外，映入眼帘的就是“夫妻树”。关于坝美“夫妻树”，还得从驮娘江的远古故事说起。相传，很久以前曾发生过一场战争，战争使人们背井离乡、流离失所。一天，一对母子逃到出水洞村河边，母亲年近花甲，儿子十六七岁，此时后有追兵，前是绝境。走投无路的情况下，儿子丢下身上的物品，背着母亲向河里走去。在山穷水尽时，忽从水洞中漂来一叶小舟，一位美丽少女唱着：“江水绿来江水清，小小儿郎显孝心，驮上老母过江来，天动容来地动情……”随后，少女将母子二人搭救上船，返回水洞，进入“桃花源”。从此，

百年好合

三人相依相偎生活在一起，过着男耕女织的恬静生活。

随后，这对青年男女产生了爱慕之情，喜结连理。新婚之夜，小两口互发山盟海誓，男的说："生也连来死也连，哥妹情长到百年，哪个九十七岁死，奈何桥上等三年。"女的说："哥是藕来妹是莲，与哥相伴到百年。要学鸳鸯共生死，莲藕断了丝相连。"

成家后，夫妻俩感情甚笃，相敬如宾，勤俭持家，养儿育女，侍奉老母。后来，这对夫妻活到耄耋之年，寿终正寝后，后人将其埋葬在村头。不知过了多少年，此处同时长出两株榕树，慢慢长成了如今的情形：两棵榕树枝叶相接，像是手牵手，根系相连，像是脚搭脚，验证着"生也连来死也连"和"莲藕断了丝相连"的誓言，故称"夫妻树"或"情侣树"。"夫妻树"不但叙述着驮娘江的远古故事，更是对淳朴民风的解读。

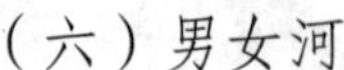

（六）男女河

坝美河属驮娘江上游，它从广西地下龙潭溢出后，到坝美村冲积出一个三角形河滩，形成“桃花岛”，日久天长，小岛逐渐长大，使河水分成两条，一条叫“男河”，一条叫“女河”，男女洗澡分开，是“上天”有意做出的安排。壮族人民无论男女老幼，从小就养成爱清洁、讲卫生的良好习惯，一年四季，春夏秋冬，男女只要劳作后都要到河里洗澡，消除一天的疲倦劳乏。当地男女以小岛为界，隔树洗澡。

（七）八峰画屏

八峰画屏在坝美村北面。八座高矮相间的山峰笔直耸立，山峰的山腰是悬崖峭壁，壁下缓冲地带古树参天，藤蔓攀爬在古树和悬崖上，古树的丫枝上又附着野生石斛、兰花等寄生植物，岩间猿猴活跃、大雕筑巢、岩桑挺直。因为有了这些景色，所以被命名为“八峰画屏”。

桃源深处

川流不息

山峻林茂

（八）猴爬岩

相传很久以前，猕猴成群结队地通过攀爬岩来到坝美田中，与人们一起“分享”丰收的喜悦，因此人们把此地的岩壁叫“猴爬岩”。

猴爬岩，道路崎岖，险峻通幽，它是走旱路进入“世外桃源”的关隘和必经之地，也是坝美与外界的分界线。在猴爬岩这座峭壁上，有一个奇特的现象，就是每年开春一声春雷响过以后，岩壁缝隙里就会吐出岩浆来，呈红色，十分鲜艳，当地人称之为“岩血”。这种“岩血”从石缝中流出来，滴在泥巴上，会变成漆黑色，取回家放入水中，又会变成红色，相传可医治男性绝症。

（九）坝美河道

坝美河道指明流河段，起点是出水洞、入村口至进入汤那洞这一段，全长约 5 千米。坝美坝子是三角形状，村前一段小河在坝子里弯曲流过，坝里阡陌纵横，鸭浮绿水，鸟鸣田畴。顺河上去约 1 千米进入峡谷地段，河道忽宽忽窄，流水时缓时急，整条河道藏在参天大树、茂林修竹间。竹的种类很多，有的挺拔，有的弯腰，有的带刺，有的呈叶包状，有金竹、蛮竹、刺竹、毛竹；树的种类也不少，有常青树、落叶树、矮墩树、修长树，其中以水杨柳、常绿杂木居多。两岸山峰高而挺拔，陡而俊秀。这种幽美河道在其他地方已经很难找到，步入其间，清凉爽身，心旷神怡。

（十）汤那洞

汤那洞是坝美村的又一出村洞，河水从西向东穿流，洞长 800 余米，洞里漆黑一团，并有险滩急流，又有暗泉冒水，没有灯光寸步难行。划船在洞中，有些阴森恐怖，现已安置五颜六色的彩灯。此洞结

别有洞天

阴阳通衢

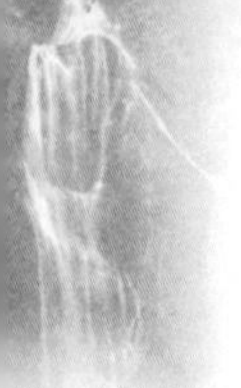

溯源

堤岸春深

构复杂，高处上百米，低处有碰头的直觉。钟乳石从高处下垂，形成道道石帘、石屏、石幔；也有各种动物形状的，有一巨大钟乳石，恰像美人鱼腾空，想钻出岩层飞向天空。船划到洞口，汤那坝呈现在眼前，又是一片壮乡生机勃勃的田园风光。

六、旅游经济

广南县的旅游资源虽然很丰富，但是，21 世纪前的旅游经济基本为零。2001 年坝美景区建成后，旅游经济开始形成。2007 年全县接待游客 36.72 万人次，坝美仅有游客 3000 人次；2008 年全县接待游客 44.2 万人次，其中，到坝美的游客 9.6 万人次，全县旅游总收入 2.4 亿元，其中坝美收入 216.8 万元；2009 年全县接待游客 53.1 万人次，其中，到坝美的游客 9.1 万人次，门票收入 160 万元；2011 年到坝美旅游的人数增加到 12 万人次，门票收入 600 万元；2013 年全县接待游客 105 万人次，实现旅游收入 7.6 亿元，其中，坝美接待 16.5 万人次，实现门票收入 860 万元；2014 年，全县接待游客 142 万人次，实现综合旅游收入 11.5 亿元，其中，坝美景区接待游客 33.5 万人次，实现门票收入 1303 万元。2016 年上半年，坝美景区共接待游客 7.9 万人次，实现经济收入 519.09 万元。

第三节 景区管理

一、成立景区管理委员会

世外桃源广南坝美景区管理委员会成立于 2007 年 8 月，属县政府行使坝美景区管理职能的正科级单位。管委会下设办公室、综合执法大队、规划建设管理股、经济管理和市场开发股 4 个股室，核编 10 人。设主任一名，副主任 2 名，执法大队工作人员暂从县级公安、林业、水务、环保、城建、文化、国土等部门抽调组成。

二、工作职责

1. 贯彻执行国家、省、州、县关于风景区各项工作的方针政策。

2. 根据国家、省、州、县关于风景区各项工作的方针、政策和法律、法规，制定适用于风景区建设与发展的有关政策、管理规定和实施细则。

3. 研究编制风景区的经济、社会发展规划，经县人民政府批准后组织实施。

4. 根据县人民政府批准的建设总体规划和控制性详细规划，组织编制风景区的建设性详细规划，并负责组织实施和管理。

5. 对风景区的各类单位和个人进行管理和监督，保障企业依法自主经营，做好协调和服务工作。

6. 组织或审批进入风景区的投资项目。

7. 按《广南县世外桃源坝美景区管理规定》处理风景区的有关事务。

8. 负责协调各级各部门和各单位有关风景区的工作。

9 管理风景区的基础设施、公共服务设施。

10. 负责风景区内农村村镇建设有关工作。

11. 完成县人民政府交办的其他工作。

三、出台管理条例

为加强广南坝美旅游区的保护管理，合理开发利用旅游资源，由文山壮族苗族自治州根据《中华人民共和国旅游法》《中华人民共和国环境保护法》等法律法规，制定出《云南省文山壮族苗族自治州广南坝美旅游区管理条例》（以下简称《条例》）。该《条例》于2016年3月16日由云南省文山州第十三届人民代表大会第六次会议通过，2016年5月27日由云南省第十二届人民代表大会常务委员会第二十七次会议批准，从2016年10月1日开始实施。该条例共分总则、规划与建设、保护与管理、法律责任五章，共31条。

《条例》第三条划定的旅游区是指以广南世外桃源坝美景区为核心，包括坝美旅游集镇片区、普千地母历史文化传承地片区、那洞桫椤林片区、底先河谷漂流片区和九龙山森林公园及居民民俗文化传承片区。旅游区的具体范围由广南县人民政府划定，设置界标，予以公布。

《条例》第十条规定旅游区的总体规划范围由以下6个片区组成：

世外桃源坝美景区：依托溶洞、山水风光和独特的壮族人文风貌，打造具有世外桃源意境的景区；

坝美旅游集镇片区：充分发挥集散中心作用，打造游客集散服务中心。

普千地母历史文化传承地片区：依托地母历史文化和民族文化，打造地母文化圣地；

那洞桫椤林片区：依托桫椤林等自然资源，打造集科考、观光、休闲为一体的天然生态度假区；

底先河谷漂流片区：依托水流资源，打造以漂流项目为核心，综合开发垂钓、野餐、露营等多功能为一体的休闲度假区；

九龙山森林公园及民居民俗文化传承片区：依托原始森林和壮族传统村落，打造广南壮族历史文化传承地和壮族民族风情体验区。

四、职责分工

为认真贯彻落实《广南坝美旅游区管理条例》，景区管理委员会把职责化解到各科室。

（一）办公室职责

组织学习党和国家的路线、方针、政策，贯彻落实国家制定的有关风景区管理和保护方面的法律法规及地方政府对风景区的规范性的管理条例或办法及相关文件；发挥综合协调职能，协调本系统各股室之间各方面的关系；搞好本系统的服务，做好上情下达、下情上报、对外联系、保密、文件、材料收集、发放、立卷归档、后勤保障等工作；按照国家财务制度规定，负责本单位财务工作，实施会计监督，编制和执行全系统年度收支计划，监督、检查和指导委属各股室严格执行、管理、使用、完善国家统一使用的收费收据、罚没收据手续及财会制度；完成委领导交办的其他工作任务；负责车辆的调派及管理。

（二）景区综合执法大队职责

贯彻执行国家建设、环保、税务、工商、水务、林业、公安、土地、文化、卫生等法律法规，并依法对景区进行综合治理整顿；具体办理景区内建设、环保、税务、工商、农业、林业、公安、土地、文化、卫生等方面的业务工作；负责景区内的安全生产工作，负责景区社会治安；带领综合执法队员在景区进行巡逻、执法；及时制止各种违法违规现象；认真贯彻执行《云南省风景名胜区管理条例》《广南坝美景区管理条例》《景区管理规定》《景区管理实施细则》等法律法规，对风景区内的自然、人文资源严加保护；负责景区范围内的水土、陆地环境卫生，治理环境污染。

（三）规划建设管理股职责

负责风景区的规划、控制、保护和合理建设；负责景区基础设施配套工程项目地建设管理；指导社会投资和利用外资；选择规划项目合理投资建设。

（四）经营管理和市场开发股职责

负责景区内运营小马车、游船、商店及市场秩序的日常管理工作；负责景区市场开发和业务拓展；严格执行《景区管理规定》，规范景区经营秩序，明确各经营行业的具体管理措施，严禁景区内乱摆摊设点，无证经营；严格监督景区经营户的经营行为，并会同相关部门严肃查处景区内各经营户违法经营行为；按有关规定收取各类经营

晨雾坝美

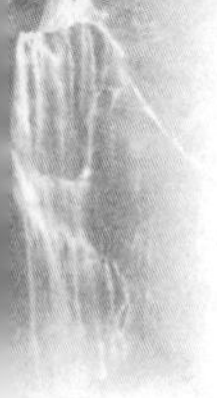

桃花源里可耕田

小桥流水人家

撒网

行业资源补偿费；严格控制景区内营运小马车、游船数量增长，并实行审批许可制度，按相关规定规范管理；负责制止引诱、纠缠、胁迫游客购买商品等拉客现象。

（五）部门协调管理

1. 建设部门具体负责督促开发商按《世外桃源广南坝美旅游区总体规划》要求进行开发建设；对违反旅游区总体规划进行建设的，配合相关部门按相关法律法规进行处罚；按《广南坝美旅游区管理条例》《世外桃源广南坝美旅游区总体规划》《详规》要求指导好景区民居建设。

2. 国土部门对在景区内违法占用耕地的、私搭乱建的，配合本部门按相关规定进行处罚，做好景区建设土地征用等相关工作。

3. 环保部门对在景区水、空气、固体废弃物等开展环境监察，消除污染隐患，积极协助景区制定治理方案、措施，指导景区开展好环境污染治理。

4. 林业部门依法对景区内的天然林、退耕还林地、野生动植物实施保护和管理，配合本部门对毁林开荒、砍伐林木等违法行为进行处理。

5. 公安部门依法对景区内破坏公共设施、盗窃、扰乱景区秩序、诈骗游客等违法犯罪行为，按管辖权限进行处理。

6. 水务部门负责做好《中华人民共和国水法》等法律法规的宣传、贯彻、实施；协同本部门及司法机关调查处理景区的各项水事纠纷和水事违法案件。

7. 文化部门负责对景区民族文化旅游资源进行挖掘与开发，辅导提升景区民族民间文艺队的文艺表演技能，提高景区民族文化生活，弘扬民族传统文化。

第七章　坝美旅游辐射区域

坝美镇山美、水美，人更美。除坝美村外，还蕴藏很多非常值得一游之处。坝美洞外有无数风景迷人的地方，如驮娘江上游的河道迷人风光，底先河道漂流，冷热泉奇特浴效，革坠三门洞奇观，木枧多路洞的迷宫途径，坝翁的田园风光。中午肚子饿了，就去打卦避暑山庄，一面赏景，一面品尝壮乡的麻鸭、鲜鱼、肥鹅、米酒。你若是喜欢研究植物，千万不要错过那洞的万亩桫椤林；你若是喜欢研究历史，阿科对面的岩石上有科岩马迹；你若是宗教界人士或信仰道教文化，就到普千村体验一下地母文化；你若是民歌爱好者，不妨准备三炷清香，去阿科村祭拜歌仙。

游过坝美片区后，还可到堂上、石山观赏一番云雾茶园和千山柑橘林，顺便带回回味悠长的云雾茶和闻名世界的堂上柑橘。更不要忘记到句町古都莲城住一二日，领略这里的悠久历史，品尝这里的民族食品，感受这里的民族风情。若还有时间，不妨钻一次金龙洞，这洞才真正是别有洞天。

第一节　法利、底先河片区

法利之意，因位居大、小两条河流交汇的地方而得名。距广南县城

42 千米，距坝美村进洞口 1.5 千米，是到坝美景区的必经之路。乘车到法利，有大型停车场供游客停车，有提供食宿的宾馆旅店。从法利出发，可步行或乘马车到出水洞，沿途领略壮乡河道优美的自然风光。

出水洞村：因村旁有河水从坝美村流出而得名，村子和洞口相连。

底先：壮语，河湾之意，因居住于河湾之岸而得名。

汤那：壮语，“汤”意为“尾”，“那”意为“田”，因居住在田坝尾端而得名。汤那是坝美景区的出洞必经之路，亦可反其道行之从这里进入坝美村。

一、法利

法利位于西（畴）西（林）二级公路中段，今隶属坝美镇。由法利出发，可到堂上农场观赏万亩橘林，去石山农场观赏云雾茶基地和品尝茶叶的味道。法利是滇桂两省的交界处，再沿着二级公路行驶 20 余千米就到达广西西林县城，可欣赏驮娘江风光，参观清末云贵总督岑毓英、岑毓宝的宫保府。沿河道直下，能欣赏到阿科、洛里河交汇后的沿岸自然风光；若再有兴趣，还可步入原始森林看树观花，寻找野兽和鸟类踪迹。进法利村口有两个岔道，从左走就是国家 3A 级风景名胜区的入口，穿行其间，如走进仙境。蛮竹被风一吹，弯腰低垂到河对岸。两岸的茂密森林里，百鸟朝凤，叫声婉转，莺歌箐鸡飞，眉唱鹧鸪行。

二、底先河道漂流

底先漂流河道全程 12 千米，属驮娘江上游，起点是法利，终点是底先三河交汇处。漂流全程惊险刺激，河道曲折系数不大，河宽 20 ~ 50 米。河道两岸山崖巍然高耸，垂绿披翠，生长着枫树、蛮竹、大小叶榕树、水杨柳、木棉、万年青、龙眼、红椿、花红、芭蕉、山茶树、杜鹃花等植物；林间常有狐狸、野猫、野鸡、箐鸡、鹌鹑、野兔、麂鹿、画眉等野生动物穿梭行走。在河中漂游既可体验漂流情趣，又能欣赏自然风光。而到了底先，展现在人们面前的是一幅特别优美的山水画卷。江面宽阔平缓，不时有独木船在江中打鱼。船夫站在船正中用数米长的木杆划或撑在江底让船行走，鸬鹚或站在船上，或下水把鱼叼上船来。船划过之处，留下一片涟漪。底先寨子连绵坐落在三个山包上，周围的山上全是原始森林。树木品种繁多，名贵树木比比皆是，榉木、粘木、红椿、细松、棠梨到处都有。进入寨中，壮族原有的干栏吊脚楼已基本消失，栋栋高楼鳞次栉比，一层一层往高处延伸到山顶。村里到处有葳蕤的大榕树映衬着民居，楼房和大树似乎在比高低。全村道路均已硬化，不管到哪家，道路都畅通无阻。

底先村房子洋气了，青年人的服饰也大多变成时髦的现代服饰，但生活还在沿袭着传统的方式。养猪喂熟食，理由是喂催长素的猪肉不好吃。舂糍粑还是用木棒、木碓，说是用机器碾出来的粑粑口感不好。很多人家还在用老虎灶，柴要一捆一捆地塞进去。客人进家倒茶、递烟、让座的传统没有改变，唱敬酒歌、客醉为乐的习俗也没有改变。

三、落水洞景观

分水岭下面的坝汪河、革坠河在打卦交汇后流至汤那村脚暗流800余米进入坝美小盆地，又由小盆地暗流900余米出洞。出水洞村就在洞出口的右侧。出水洞村东面有一条平坦的小道（今已建成青石板镶嵌的大道）通往法利。北面是翠绿的万仞高山，西面是连绵高山和雄峰，一座陡峭的高山成为出水洞村的门户，山高200米以上，整座山如刀劈斧削，悬崖峭壁间长出一些生命力极强的树木挂在峭壁上，峭壁下面就是出水洞，阿科河从洞中流出，常年滔滔不绝。从出水洞进入坝美景区有两条路：一条陆路和一条水路。陆路由峭壁攀爬上去经过一个垭口再下坝美，需步行两个多小时，路非常难走。若乘船进去，只有不到1000米的路程，耗时10～15分钟。此洞是名副其实的天然隧道，坝美村出村必经此洞，外界人进坝美村也必须走出水洞村入口。因水陆两条路行走耗时差别大，所以走陆路的人少。出水洞村成了坝美景区的重要周转站，任何现代化车辆只能到此止步。

四、汤那景点

汤那村在阿科河的北面山腰上，寨脚便是阿科河进行暗流的入口处，它与坝美村都在距暗流出口近1000米的地方。坝美景区由汤那村的一部分和坝美村的全部构成。如今坝美地界的旅游业由坝美村管理下洞和河道，上洞和属汤那河段则由汤那村经营。汤那村中有一条公路直接通往普南村委会和普千地母文化旅游景区。汤那村中古树参天，房屋被古树掩映其中，是一个美丽的壮族村。

第二节　阿科、那洞片区

一、歌仙坟

歌仙坟位于阿科中学背后约250米处。相传，此歌仙姓农，由广西某地一路唱歌而来。她的歌声能与黄莺、画眉比高低，人听了如痴如醉，百灵听后不敢出声，水中的鱼听了一动不动，豺狼虎豹在追赶猎物中听到她的歌声也会放弃追赶，立足听她唱歌。劳动中的人们听到她的歌声干劲倍增，就连草木听了也会摇动欢腾。她来到阿科，壮族村民非常爱戴她，把她留下来教壮民唱歌，几年后带出了大批年轻歌手。在劳动和唱歌中她与陆姓男子结婚，生育一女，后于1835年去世。之后，她的徒弟代代相传。2014年，文山州民宗委王民富在研究壮族历史中发现了关于她的记载，在文山州、红河州找到8名歌仙传人，其中一位就是住在离歌仙坟不远的年过七旬的王姓老人。多年来，有广西以及云南红河州、文山州的很多歌手从四面八方赶来，在清明节的头天，天蒙蒙亮就到歌仙坟前祭拜歌仙，祭拜后在歌仙坟旁唱歌，通宵达旦。

二、科岩马迹

宋代广源州的壮人侬智高，其父被交趾（今越南）王杀害后投奔宋廷，但宋廷不理睬侬智高。于是侬智高举起既反交趾又反宋廷的大旗，宋庆历元年（1041年），势力扩展到傥犹州（今广西靖西等县），建立“大历国”政权。皇祐元年（1049年）在安德州（今安德镇）称“南天国”，年号“景瑞”，扰邕州（今广西南宁）。皇祐四年（1052年）五月攻陷邕州，称“大南国”，自称“仁慈皇帝”，年号“启历”。又自邕州沿江而下，攻破横、贵、浔、龚、滕、梧、廉诸州，进而围攻广州。不克后返回邕州。皇祐五年（1053年）被宋将狄青击败于昆仑关归仁铺。侬智高在邕州失败后退入特磨道（今广南），在继父侬夏卿的支持下收拾残众，在特磨道训练骑兵2000余名继续反宋。狄青派杨延昭（杨六郎）之子杨文广追击。侬智高驻军于广南城东丝苇寨，扎营于今六郎城村，与杨文广的宋廷军队隔西洋江对峙。宋廷军队久困西洋后加大兵力，越过西洋江天险，经过“三打宝月”势如破竹，追赶侬智高。追到阿科对面的崖壁前，侬智高被团团围住，眼看就要成宋廷军队刀下之鬼。这时，侬智高的大白马一跃而起，马蹄碰在岩石上留下深深的痕迹，后人称侬智高战马留下的痕迹为“科岩马迹”。清代，这里被立为广南八大景之一。

此后，世世代代的人对这件事都很惊叹，跟《三国演义》中的“跃马檀溪”故事一同在世间流传。清代广南举人杨应运在《科岩马迹》诗中写道：

破竹功成著鼎彝，英雄神骏两称奇。
试看今日科岩上，犹道将军马迹遗。
边月踏残霜印浅，阵云蹴破藓痕滋。
空余古木寒烟外，灵躅参差隐废祠。

三、冷热泉

冷热泉又称“夫妻泉”，位于阿科西面约一千米处，西西公路南下侧，距县城 29 千米。冷热泉冷水和热水都由同一座山流出，热水常年保持在 40℃左右。冷热水原在山脚下的一块田里交汇，修西西公路时，就在公路下面建一个阴阳池，冷水和热水仅一墙之隔。冷水清澈纯净甘甜，是很好的饮用水。夏天喝冷泉的水可止渴解暑，解除疲劳。传说，若夫妻产生误解裂痕，喝了冷热泉混合水后，会互相理解，破镜重圆。身上有皮肤病，洗几次泉水澡便会好起来。打几壶泉水带回去，据说酒醉时喝几口，会立即解除醉酒，并令人心旷神怡。

四、南洞

南洞，因坐落在阿科村南面而得名，距阿科村有 5 千余米。从外面看，洞口如同狮子开口，进去里面却很宽，可容纳上千人。有地下水，发源于广西西林县龙潭村，南洞地下水是阿科河在坝美的第一道伏流。

在距南洞右面百余米的山脚处，是木枧洞到阿科的出洞口。

五、观音洞

观音洞位于阿科村委会水库村观音山山腰，距坝美镇政府驻地1.5千米。从山脚到观音洞唯有一条崎岖山路可走，沿途古木遮天蔽日，藤蔓垂悬摇曳，鸟语花香，曲径通幽。游人上山游览，十多分钟即可达。观音洞位于悬崖绝壁下，洞内宽敞，洞很长，无数钟乳石鬼斧神工，千姿百态，栩栩如生。洞口前平地绿树掩映，平地上有桌凳供游人歇憩。洞内立一观音塑像慈眉善目，和蔼可亲。

六、革坠“三门洞”

“三门洞”位于革坠村，距镇政府驻地15千米，距广南县城约45千米。全村国土面积5.83平方千米，海拔1090米，年平均气温19℃，年降水量1025毫米。革坠村属典型喀斯特地貌分布区，地表奇峰林立，各种形态的石峰似人似物，形态逼真；地下溶洞错落有致，洞内石笋、石钟乳等星罗棋布。浓郁的少数民族风情与秀美的自然风光相辅相成，为革坠村开发旅游业提供了有利条件。

三门洞全长约2千米，由三道天然形成的“石门”分隔为三个区域，步行而入，每穿过一道狭窄石门就可见一宽阔洞厅，故得名“三门洞”。洞内四季恒温，夏无酷暑，冬无严寒，气候宜人。洞中钟乳石倒悬，笋石林立，石花怒放，天工巧成，形态万千。进入洞厅，怪石嶙峋，或是巨石矗立，或成擎天一柱，处处美景，宛若宫殿，极具观赏价值。

七、那洞万亩桫椤林

坝美镇位于广南县北部，属亚热带季风气候，平均海拔1050米，年平均气温18℃，年降雨量1224毫米，土地总面积122.98万亩，其中天然林75.3万亩，森林覆盖率达76.9%，气候温暖湿润。桫椤喜生长在森林茂盛、常年流水不断、气候温暖潮湿的丛林沟边，这里为桫椤的生长提供了良好的生长环境。桫椤零散分布于坝美的堂上村委会者桑、八达村委会坡们、者孟村委会龙卜和中洛、普南村委会安沙和安卡等村小组，共300余亩，集中分布于距镇政府所在地15千米的那洞村，主要生长在小理松、里孔、小理现、大理现、那洞和科干6个村小组，面积达1万余亩，其中，位于小理松与小理现的交界处有2000多亩连片桫椤林。

那洞村属于半山区，距镇政府15千米，国土面积52.76平方千米，最低海拔800米，最高海拔1380米，一般海拔1000～1200米。那洞的森林覆盖率达84.5%，林业用地7.4万亩，其中，防护林3.9万亩，特种用途林289.5亩，用材林838.5亩，薪炭林9445.5亩，经济林1.67万亩，茂盛的森林植被使该村潮湿温暖，很适合桫椤树的生长。桫椤林枝繁叶茂，笔直的树干最高可达10米以上，1～3米长的巨大枝叶从树干上伸展开来，十分雄伟壮观。

桫椤树有三亿多年的生长史，繁盛于侏罗纪，曾是远古草食性恐龙的主要食物。为保护好辖区内的“活化石”，坝美镇党委、镇人民政府采取了一系列措施加以保护。桫椤树在那洞村茁壮成长，郁郁葱葱，成为坝美镇一道亮丽风景线。那洞桫椤林内常有野猪、猕猴、穿山甲等野生动物出没。

第三节　普千片区

一、普千地母文化

普千村位于坝美镇西部，距镇政府所在地 12 千米，距珠西（珠街—广西西林）二级公路 8 千米，与“世外桃源”坝美风景区一衣带水，相距 6 千米，是一个典型的壮族聚居村，因具有“一幅仙境、一部经书、一处遗址”的地母文化活态传承特点而得名。普千村名为壮语音译，壮语称“勐普千”或“勐千”。“勐”，壮语为“寨子”之意；“普”即“人或人群”；“千”即“神仙”，也就是布洛陀神和地母神；“勐普千”，就是“居住在仙人坝子里的人的寨子”，历史上曾有“普千”“普圈”“普迁”等汉字写法，但都属于壮语音译。普千村现有 300 户 1300 余人，是坝美镇较大的壮族村落之一，属壮族沙支系，住户主要居住在普千老寨，部分迁居坝区边缘山脚，依山傍水而居，形成若干小聚居区。普千村现在还保存五个地母文化活态传承的亮点因素，地母文化特色鲜明。

普千村是《地母真经》降笔之地。广南是地母文化的发源地之一。据《地母真经》记载：“光绪二十七年十月十八日地母降笔于滇省广南府漳仙女山之地母庙。”据史料考证，国内凡供奉地母的庙所藏《地母真经》，均为降笔于“广南府”的版本，充分证明了《地母真经》于清光绪二十七年（1901 年）十月十八日在广南坝美普千形成之后，传播较广，影响深远，敬畏地母、崇拜地母的特有文化现象一直延续至今。

普千村地母崇拜习俗。按照普千现存清代木拓本《地母经》所

地母圣地

述，地母就是指传说中的女娲。普千壮族认为地母既是大地之母、万物之母、人类之母，也是稻作文明之母。传说地母女娲补天以后，即坐在一头神象上巡游，久而久之，化为一座山，就是现在普千村后的仙女乘象山。该山中间高两侧低，形如一人坐在一头大象上，壮语称该山为“坡千南章”（壮语“坡”即“山峰”；“千”意即“神仙、仙人”；“南”意即“坐、乘”；“章”意即“大象”）。据传地母除巡游各地外，平时就在山下的莲花台上享受香火，至今普千仍将仙女乘象山前四座小山间的平台称为“安奢”，壮语意即“祭祀仙人的垭口”。现在仍有一太师椅形状的天然石凳，据传即为地母的座椅。20 世纪 80 年代以前，平台上有一人形石块，传为地母化身，村里年年祭祀。

祭祀地母活动主要在农历每月的初一、十五、三月三节前后及十月十八日进行，祭品为斋食。祭祀活动中主要是诵念《地母经》，祈求风调雨顺、五谷丰收、人畜平安，记住地母告诫的伦理道德、为人

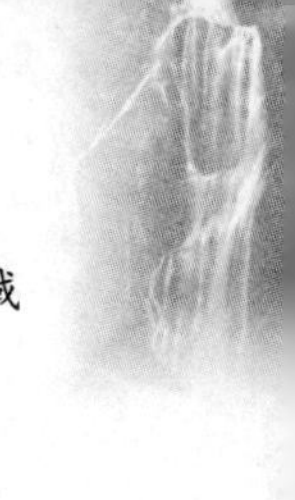

光善坛

处世、尽忠尽孝等内容。一年之中，有两次隆重的大型祭祀地母活动：一次是在春播前，壮族三月三节前后；一次在传说中地母诞辰的十月十八日。这两次祭祀都由村寨长老和教职人员“布摩”组织。祭祀完毕后，举行欢庆活动，进行对歌、跳手巾舞、要“弄娅歪”等。其他时候，逢初一、十五为常规祭祀，主要是进行斋戒，向地母进香献斋，诵念《地母经》。

二、坝翁生态田园风光

坝翁村位于坝美镇西部，距镇所在地 10 千米，距坝美景区 7 千米，与普千一坝相连。“坝翁”是壮语，“坝”意为“口”，“翁”意为“石洞”，因位居洞口而得名。

坝翁村坐北朝南，村寨背后即北面是崇山峻岭，汤（那）普

坝翁河上

小径通幽

（南）公路从左侧垭口如卧龙扑来，坡比在25‰以上，蜿蜒连绵，很考验驾驶技术。左右（东西）青山环抱村庄，青山上千年古树葳蕤高大，碗口粗古树如藤蔓攀升，密林深处百鸟齐鸣，众兽飞奔；小溪桥旁，美女净裳，游人观赏。站在高处远观，普千坝子一马平川，阡陌纵横，良田万亩。左右诸山排列，犹如御林军挺直守护村子。正是：

古树葳蕤覆高山，老藤粗长满坡缠。
壮村掩映绿荫下，清溪潺潺水湾湾。
林荫深处百鸟鸣，虹桥村姑依石栏。
放眼眺望十里景，平川沃野看不完。

进入坝翁村，但见牧童骑牛，壮汉实夯，老妪抱禾，少女浣纱，耳闻机杼传织韵，鸡豚合唱交响乐。

大自然赋予了这里独特的喀斯特地貌，除奇洞、怪石、古树外，村前还有3000余亩的平川。这里一改喀斯特地区干旱缺水的常规，清溪终年潺潺流淌，河两旁树木郁郁葱葱。正是：

春来满山放百花，夏天四处披彩霞。
秋到遍地黄金谷，冬暖全川油菜绿。

第四节　打卦片区

一、间歇泉

“间歇泉”，适宜的地质构造和充足的地下水源是形成间歇泉最根本的要素，因它喷喷停停、停停喷喷而得名。“间歇泉”距坝美镇14千米，位于广南县莲城镇坝汪行政村落松地村，当地村民称之为一股神奇之水，衍生许多美丽传说。泉水每隔20多分钟会从洞口喷涌而出，流淌20分钟左右会完全断流，过了20多分钟又再次从洞口喷出，这样不断地循环反复。

对于这种奇怪现象，据该村老一辈人说，这是“龙翻身”，此种解释无疑掺杂保护自然、神灵崇拜的想象成分。猜其原因，有可能是地壳运动比较活跃，地壳炽热的岩浆能源活动位于地表稍浅地区造成的喷发。也有可能是由于水流通道狭窄，泉水不能随意上下对流，被地下高压顶出地表，喷发后，压力降低，水层下降，喷发因而暂停，为下一次新的喷发积蓄能量。

二、打卦避暑山庄

“打卦”，壮语，“打”意即“河”，“卦”意即“交叉”，因居住在河流交叉处得名。

打卦寨是进入坝美镇的第一个村庄，也是坝美河谷山川的入口村。坝汪河与革坠河在此交汇后，河道扩宽，河水流量倍增，也就是阿科河的起点。寨子被河汊和青山分割成四部分，村民完全依山傍水把房屋建立在绿荫丛林中。房前屋后，茂林修竹，山峦起伏幽深，每一座山巅垭口都各具风韵。西西（西畴—西林）二级公路从村中南北贯通，去革坠、董幕的乡村柏油马路也在此进入。有道是：

崇山峻岭擎蓝天，河道幽清流村前。
公路分岔处处通，西（林）广（南）城乡一线连。

打卦寨坐落在谷底，独特的自然环境和河道相协调，这里形成冬暖夏凉的好地方。夏天进入打卦，河道送来徐徐凉风，氧气十足，清新怡人。若漫步深山密林，腐殖土发出的气味伴随着鲜花、兰草的神秘芳香扑鼻而来，令人感到全身轻松而流连忘返。踞此美景，黄王龙和黄保兵两家避暑山庄，依山而建，临水而亭。庄里楼阁水榭按壮族干栏形式造就，美味食品就地取材，河中游鱼、家中麻鸭、特制腊肉、酸笋土鸡、米制曲酒都是十足的壮乡风味。

三、革坠溶洞群与母子树

“革坠”，壮语，“革”意为“条”，“坠”意为“河流发源之地”，因位于阿科河发源地而得名。分上、下两寨，距县城29千米，距阿科16千米，从打卦进去有5千米。进入革坠坝子，田畴平坦，流水常清。科研单位在这里的实验田多种多样，名贵稻谷实验田、杂交水稻制种实验田、蔬菜种植实验田占去坝子面积的70%。座座山中都有大小、深浅不同的溶洞，清泉经双龙井—达莲塘—奎匾—开仲—龙里—大洞暗流后从革坠上寨山脚洞中喷泻而出，流经革坠坝子灌溉2000余亩良田后，再流到打卦与坝汪河交汇为阿科河。出水洞的上面还有一个大溶洞，洞中有一个“大厅”，可容纳千余人，还有暗洞通往地下河。

（一）左心溶洞

革坠村是典型喀斯特分布区，全村面积15.23平方千米，海拔1140米，年平均气温18℃，年降水量1103毫米，适合种植水稻、苞谷、茶叶等农作物。全村耕地面积2009.63亩，人均耕地2.24亩，林地1300亩。

革坠是壮族聚居村，喀斯特面积占全村土地总面积的80%。该村岩石突露，奇峰林立，常见的地表喀斯特地貌有石芽、石林、峰林、

避暑山庄

喀斯特丘陵等喀斯特正地形和溶沟、落水洞、盲谷、干谷、喀斯特洼地（包括漏斗、喀斯特盆地）等喀斯特负地形；地下喀斯特地貌有溶洞、地下河、地下湖等。其秀美的自然风光，独具特色的少数民族风情，为旅游资源的开发利用创造了有利的条件。

革坠村现已发现有大小溶洞奇观6处，其中“左心溶洞”素有“洞府奇观”之称。该溶洞分上中下三层，高大宽阔，进入洞口，凉风徐徐而至，冬暖夏凉，石笋钟乳垂悬半空。洞厅深处布罗洞穴，洞内清泉漱石，暗河成渠，曲折幽深，属天工造化，绝妙无双，蔚为壮观。当游人走进洞堂，一步一景，步步皆景，更能感到火树银花，交相辉映，如入艺术殿堂，又像误入水晶迷宫，使人目不暇接，流连忘返，极具旅游观赏和开发价值。

（二）母子树

母子树在革坠下寨寨子正中央，属大叶榕，树龄在 200 ～ 300 年间。现在寨中八九十岁的老人都说，这两棵树在他们记事时就是现在这个样子。

先有右边的那棵老树，不知何年何月从距地面 2 米多高的树桠中长出一条“根”来，越来越长。在长到 3 米多时，村民把它捂下来，“根梢”被埋进土里。两年后，新树由埋进去的根长出来，越长越大。现在新长出来的这棵树比原来的老树还大，更旺盛。而原来的“根”至今横跨在两树之间，如虹桥把两树连接起来，有大海碗口那么大。两树距离 3 米多，不知情者见到这两棵树，以为是连理枝、“夫妻树”，其实应称它们为“母子树”。

千年母子树

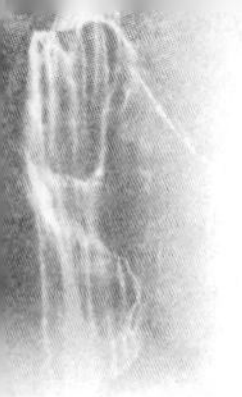

四、木枧多路洞

“木枧”，壮语意即“红椿树”，因寨子周围过去红椿很多而得名。

位于阿科“冷热泉”对面南洞出水口旁约100米处，距县城27.3千米，距阿科集镇1.3千米的地方，在大石山岩壁脚下有一个溶洞，群众称为“穿山溶洞”，即“木枧洞”。从该洞入内，穿过漆黑幽森的地底山峦，可以穿行通达到阿科集镇对门山的另一面，隶属于阿科村委会的木枧村。从阿科集镇走山路到木枧约7千米，需要1个多小时，而从幽森洞内穿行到木枧，只需要约30分钟。根据民间故事传说，木枧洞所处位置的这个山头是空的，从洞口进入向左拐弯，就有宽敞的大厅一直延伸到“王子山”，为侬智高的藏兵之处。据喜爱寻找“捷径”人员介绍，木枧洞长约2.5千米，整条线路宽敞，只是要

革坠河景观

到木枧的时候，有一处洞口狭窄，人们需要匍匐前行。一出洞口，就能看到木枧宽阔的坝子，令人豁然开朗，陶醉于乡村的袅袅炊烟、纵横阡陌中。

木枧洞不仅通往阿科，它洞中有洞，岔道也很多。除通往阿科这条路是木枧到阿科的捷径，经常有人走，其他的路究竟通往何处至今还是谜，有待探险和科考的人们去考察才会有结论。

第五节　堂上、石山片区

一、堂上

堂上，原地名“塘上”，过去是一个气候炎热、瘴毒遍布、满地芦苇、人迹罕至的地方。新中国成立后，除去芦苇，消除瘴毒，1952 年建立人寨劳改农场，1958 年扩建为国营农场，将“塘上”改为“堂上”，取“已将一个恶劣之地变为人间天堂”之意。

堂上农场位于广南县北部，距坝美 20 余千米，距县城 68 千米，海拔 800 余米，属亚热带季风气候。

堂上农场成立后，由劳改农场、劳教农场改变发展为文山州拥有现代化产业的国营农场。它隶属云南省农垦总局文山州分局，土地面积 11.5 平方千米（17250 亩），有耕地 969 亩，经济林地 5002 亩。经过 70 年的建设与改革，农场经济社会得到快速发展，成为以各村柑橘水果为主的国有农林企业，年产水果 1700 万吨。农场现有柑橘选果场 4 个，果筐场 2 个，注册“堂上”商标。

到堂上旅游的主要看点是漫山柑橘，品尝这里的柑、橙、柚、枇杷等热带、亚热带水果的滋味。堂上水果经国家绿色食品发展中心认定为“绿色食品”。2012 年，被评为“文山州重点龙头企业”；2013 年，“堂上椪柑”被评为“云南省名牌产品”。产品主要销往我国东北三省、浙江、湖北、江苏等地，出口俄罗斯、泰国、越南等周边国家。

二、石山

石山，因村旁到处是石林而得名。

国营石山农场位于广南县西北部，与广西西林县接壤，有土地 3.1 万亩。

石山农场场区为岩溶地貌，适宜种植茶叶、杉树、柑橘、水稻等作物。

到石山农场旅游，主要看点是现代化茶厂。石山地区常年浓雾缭绕，非常适合优质茶叶的生长。该厂注册了“正道”商标，2014 年被评为云南省著名商标，2021 年 5 月 13 日产品送上海检测通过欧盟标准。

农场建有初、精制一体化，年生产能力 500 吨的红、绿茶生产线和年加工 100 吨普洱茶的生产线，年总加工能力 600 吨，产品远销国内外。

特别著名的是云雾大叶茶，有诗曰：

云雾绿茶播幽香，国人外宾争品尝。
记得广南产大叶，母本来自普洱方。

堂上和石山原本是一个农场，后来变成了两个农场，它们既在同一条线上，又各有特色和产业链条。参观园林美景又品尝柑橘、名茶的味道，能解除人们长途旅游的困乏，这是两全其美的事。有道是：

堂上柑橘石山茶，甘甜滋润亿万家。
东西南北香风榭，春夏秋冬美景佳。

第六节　滴水山庄与金龙洞

滴水山庄位于广南县城北郊18千米处，地处广南县城与坝美景区的正中，西（畴）西（林）二级公路的左边。这里山环水绕，是坝汪峡谷的谷底，谷底两岸绝壁耸翠，崇山顶天，溪水清澈，气候温暖。

按理而言，这样的谷底属瘴疠之区，是人类回避进入的区域。可恰恰相反，滴水村旁的一个山洞里常年排出的空气冬暖夏凉，既避暑又御寒。21世纪初，私营企业主高斌租下这块地建盖避暑山庄，供游客休闲娱乐，因山庄背后有崖常年滴水，取名“滴水村”。山庄附近有一个洞，高斌原想让游客在酒足饭饱之后进去消闲，于是进洞勘探，引出了奇迹。

洞内高深莫测，除喀斯特溶洞应有尽有的钟乳石外，有大厅，有瀑布，还有龙宫虎穴，洞内高的地方有几十米，低的地方则需匍匐爬入，洞径有好几千米长。高斌决定开发此洞作为旅游景点，开发中又发现此洞曾有人住过，并有遗物存在。情况上报后引起广南县委、县人民政府的高度重视，文物单位决定对该洞考古发掘，发现大量石器、陶器、古人骨等实物，惊动全国。考古还发现了碳化稻谷，经鉴定，这是3800多年前的产物。世界上对稻谷源产地在何处，一直争论不休，此次的发掘可以肯定广南是稻谷的发源地之一。

在溶洞开发初具规模，挂牌“滴水瀑布”之时，恰有一条数米长的金蛇顺洞口盘旋一个多小时，后把洞取名“金龙洞”。凡参观过金龙洞的人，无不称奇，写下了很多诗赋楹联，这些文学作品又带你旅游金龙洞。

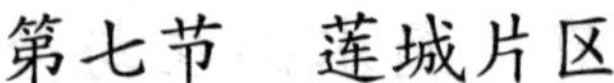

第七节　莲城片区

莲城是广南县县城，因周围山势如同莲花而得名。年平均气温16.7℃，年均降水量1056.5毫米。西汉元鼎六年（公元前111年）建句町县，公元前87年建句町国，此后历经道、府、县的行政机构所在地。1999年1月，云南省人民政府批准广南县城莲城为云南省历史文化名城。莲城内外厚重的人文景观，独特、多姿的山、水、洞等自然景观，日益完善的基础设施和公共服务体系，已成为各族人民共享的家园。

一、莲湖

莲湖位于广南县城中心，始建于清嘉庆年间，原名承恩塘（取皇恩浩荡之意），占地面积30600平方米。因莲城周围无渠流水，为“蓄水备患，引水灌溉”而建。始建于清嘉庆二十四年（1819年），民国二十六年（1937年）筑堤埂，建桥亭，1964年、1975年、1982年三次维修，1997—1998年，耗资近千万元对莲湖周边及湖面建筑进行恢复重建。湖心楼系三重檐、四角卷棚式歇山顶，气势恢弘；南端建40米长的九曲一亭桥；东北、西南沿岸各建有方亭圆亭四座；西岸是大门及水榭茶室。古亭错落湖内，湖堤沿岸杨柳婆娑，景色清澀明丽，有“莲湖倒影增亭秀，湖水澄清映月华”的景致。

莲湖现为古建筑艺术与现代园林合一的休闲、娱乐、游览胜地，是展现古城悠久人文底蕴的标志性建筑。

1985年9月，广南县人民政府将莲湖定为县级文物保护单位。

莲湖

莲湖

广南自古有闹元宵的习俗，而闹元宵又必须挂灯笼。若是此时到广南旅游，你会欣赏到各民族人们着盛装集于莲湖庆贺元宵。

清代知府何愚写道：

莲郡霄灯

如莲山势绕边城，景物殷繁纪太平。
玉烛通衢辉郡阁，牙筹永夜振街棚。
笙歌错落三更鼓，裙展勾留二尺檠。
最是诸生文战罢，出门犹是火龙迎。

当代作家，原广南县政协主席曾昭富于2013年2月17日元宵之夜，应邀参加莲湖公园（第二期工程）竣工的莲郡宵灯庆典，面对如诗如画的莲湖夜景有感而发：

盛世国泰民心安，元宵之夜观灯展。
天空自有明月照，地上笙歌倾城欢。

二、侬氏土司衙署

侬氏土司衙署位于莲城北街，坐北朝南。

《云南通志·土司考》载：“滇之土官，肇于元而盛于明，清代固之。”《明史》亦有“广南土司”录。据《广南府志》和侬氏家谱载：侬氏土司衙署始建于元朝至元十二年（1275年），由侬氏家族世袭继承27代673年（1275—1948年）之久，管辖“东至广西西林县境三百里，南至广西小镇安土州三百里，西至广西直隶州五槽界二百七十里，北至罗平州界三百里”，其中包括越南东北部、广西右江上游地带，文山州境内的富宁、砚山、丘北部分地区，贵州部分地区，面积约 8.25 万平方千米的疆域。

侬氏土司衙署位于广南县城中心，占地近 1.1 万平方米，呈阶梯状，北高南低，衙署主轴线上，依次为大门、二门、三门、公堂，左右配置有五凤楼、花果楼、议事厅、祭祀堂、寝室等建筑，衙署右侧为昊天阁。建筑形式多样，重门深院，秩序井然，内部保存部分的石雕、木刻等，体现清至民国边疆民族地区工艺技术的特点以及壮文化与汉文化的交融。

整个建筑群巍峨壮观，倍感历史的厚重与悠久。据我国壮学专家梁庭望教授考证，“广南土司府是中国壮族土司中管辖范围最广、建筑规模最大、世袭历史最长的土司府”。2003 年 12 月被列为云南省省级文物保护单位，2013 年 5 月被列为第七批国家级重点文物保护单位。

清道光元年（1821 年），何愚任广南知府，经与侬氏土司协商，侬氏土司拿出部分空地建培风书院。书院建成后，广南文人辈出。

三、文庙

广南文庙位于莲城南街，总体由学海、大门、泮池、棂星门、大成殿构成。

据《广南府志》记载，现存的广南文庙始建于清康熙四十八年（1709 年），雍正五年（1727 年）、乾隆六年（1741 年）添建。全庙占地约 9000 平方米。屋宇宏伟，结构严谨。学海在大门外面，进大门后，古色古香，由泮池往后依次由棂星门、祭祀室、乡贤祠、官厅民宦祠、大成门、大成殿构成五进院落。时为“土流兼治”的广南知府茹仪凤尊孔崇儒教、化边地少数民族、推行科举考试、选拔文化精英所建。该庙最显珍贵的是其精美绝伦的石雕，内容涵盖二十四孝、暗八仙、琴棋书画、渔樵耕读、读书典故、仁政主张、仕途期待、历史典故、寓言哲理、吉祥图案等方面。形态各异，神形俱现，惟妙惟肖，呼之欲出，是不可多得的文化瑰宝。

棂星门位于泮池和大成殿中间，又称棂星门石牌坊，青石结构，四柱四墩三开间，宽 9.75 米，通高 6 米。经弥座墩上前后各有卧伏翘首的石狮。牌坊双面应用，正中都刻有“棂星门”三字，字旁记有建造年代。正面坊楣上刻有楷书“鱼跃鸢飞”，背面坊楣上刻有“龙腾虎跃”，字迹秀丽遒劲。整坊结构严谨，雕刻精良。

棂星门前的泮池，半圆形，周围以青石条砌筑，中间双孔圆拱桥，池周围有石雕护栏，栏板上浮雕二十四孝等人物图案。而在棂星门的石基墙壁上，也有数十组浮雕图案，其中有记述古代广南耕作历史的象耕图、农作图，也有启迪学子奋发向上的凿壁借光、聚萤照读等图案。

棂星门的后面是大成殿，三开间，通面宽 19.73 米，进深 15.5 米，高 9 米，系单檐歇山顶，26 柱抬梁式木构架，用材粗大。台基高 1.96 米。前檐枋雕“双龙抢宝”“双凤朝阳”，昂、翘、耍头及装饰穿枋皆雕龙、凤、象、花卉等图形，造型生动。大门依次安装精雕花格扇门。整体结构建筑严谨，古朴典雅。殿前置长方形月台，通面宽 14.33 米，进深 11 米，高 0.94 米。左右侧和前沿装置石雕护栏，栏板刻有浮雕人物、鸟兽等图案，月台上两边植桂花树各一棵，苍翠挺拔，给大殿增添了雅趣。殿内神龛上供奉孔子全身石雕立像。

广南文庙是云南省第二大文庙，规模仅次于建水文庙。在文山州建州 60 周年时，棂星门被列为文山州 60 件珍宝之一。

四、护国寺

护国寺，又称太阳庙，位于广南县城东街青云巷内，坐东向西，悬山顶，青瓦覆面，抬梁式木结构建筑。始建于明洪武二十一年（1388 年），清康熙十四年（1675 年）、乾隆四十九年（1784 年）、道光十四年（1834 年）重修。占地面积 2800 平方米，现存大门、前后殿、左右厢房等 7 幢。前殿面阔 11 米，进深 8.15 米；后殿面阔 12 米，进深 8 米；存大小佛像数座，正殿院心矗立亭亭如盖的千年古树一棵，院心两旁有花台，中间依次设有香台、香炉、观音塑像。

1985 年，护国寺被列为县级文物保护单位。

五、忠烈祠

忠烈祠又称义勇祠，位于广南县莲城镇莲湖社区南街，始建于清光绪三十一年（1905 年），坐东向西，为祭祀广南历代为国捐躯及对地方做过突出贡献之人而建。据广南县军事志记载，清代广南发生的战争有：清光绪七年（1881 年）穆文升的索银战争、清中法越南战争、

忠烈祠

广南清剿“游匪”之战、讨平府兵之叛等，捐躯将士400多人，这些将士的牌位供奉在忠烈祠内。原有前后两厅、左右厢房及门楼，构成两进院落。因后来发生火灾，现仅存门楼及两侧耳房。面阔10.4米，进深10.3米，门楼为重檐歇山顶建筑风格，古朴典雅，具有较高的历史和艺术研究价值。1985年9月，忠烈祠被列为县级文物保护单位。

王兆明题联：

金龙盘楼，紫烟一炉，祭祀英灵，早升仙境。

丹凤朝阳，梅香二度，琴棋诗画，江山多娇。

六、柯仲平纪念馆

柯仲平纪念馆位于广南县城莲湖西端50米处，由广南县委、县政府修建，为缅怀纪念出生于广南县城小南街的原中国作家协会副主席、现代著名诗人柯仲平而修建的纪念馆。于1994年4月1日竣工开馆，占地面积2000余平方米，仿古屋建造，一楼一底，琉璃瓦面，亭阁转台，院内正中竖立着柯仲平青铜立像，栽培花草树木，鱼池盆景，鸟语花香。馆内展出柯仲平生平事迹图片及遗物、遗作，党和国家领导人题词、挽联。柯仲平纪念馆被列为云南省爱国主义教育基地，柯仲平被认定为现代云南三大文化名人之一（另两人是聂耳、艾思奇）。

1902年1月25日，柯仲平出生于广南县莲城镇小南街一个中等家庭。幼时聪明过人，深受家庭熏陶，从小生活在当地儿歌、少数民族民间歌谣氛围中。1908年，柯仲平进入广南县高等小学读书。1916年，柯仲平以优异的成绩，考入昆明省立第一中学，学习期间，曾担任过学生自治会会长。1919年“五四”青年爱国运动发生后，由于受

柯仲平纪念馆

新文化、新思想影响，柯仲平参与并组织同学积极响应，开展游行、示威、演讲、写标语、演戏、砸日本洋行等抗议活动，成为昆明地区学生运动的主要领导人之一。1920年，柯仲平发表了处女作《白马与宝剑》白话短诗，以此抨击黑暗，歌颂自由和光明。1930年，柯仲平加入中国共产党，曾在上海创造社、狂飙社工作，担任过上海工人纠察队总部秘书、联合会纠察部秘书，期间，三次被捕入狱。1935年赴日本留学，1937年回延安。在艰苦的革命斗争岁月里，他以街头诗、墙头诗和群众喜闻乐见的戏剧为武器，唤醒民众，凝聚人心，鼓舞士气，为党的革命事业做出了杰出的贡献。先后任陕甘宁边区民众剧团团长，文化协会副主任、主任。新中国成立后，任西北文教委员会副主任兼西北艺术学院院长，中国作家协会副主席，第一、二、三届全国人大代表和第一届全国政协委员等职。1964年10月20日，柯仲平因患夹层动脉瘤穿孔在演讲中突然辞世。柯仲平毕生创作了《白马与宝剑》《海夜歌声》《献给狱中的一位英雄》《长征》《风火山》《边区自卫军》《平汉路工人破坏大队》《无敌民兵》《模范战壕村》《孙万福回来了》等文学作品。

纪念馆内展出柯仲平生前充满革命履历的图片，使用过的笔墨纸砚、家信、任命书等实物，《柯仲平诗文集》等著作，同时展出他逝世后党和国家领导人、文化界人士的题词。从不同侧面真实再现了柯仲平革命的一生，战斗的一生，光辉的一生。建馆以来，该馆已成为当地干部群众，特别是青少年进行爱党爱国教育的重要窗口和红色旅游的重要载体。每年都有一批又一批的学生、干部、群众结队前来参观，很多入党、入团宣誓仪式集中到馆内举行，外界专家、学者、游客前往参观如潮，年均参观人数达 20 万人次以上，成为广南文化旅游的主要组成部分。

纪念馆外柱联：

冲出莲城奔四海
刮起狂飙震九州

壮怀弹唱英雄史
诗苑高标革命花

笔风吹醒迷径草
墨雨润开革命花

七、民族博物馆

广南县民族博物馆位于莲城镇中心地带，前面是莲湖，北面与柯仲平纪念馆隔路相邻。该馆是文山州唯一一个县级博物馆，建筑面积2347平方米，设有句町王族墓群、句町青铜文化、民族文物和民族服装4个展厅。有文物共9878件，其中国家一级文物1件，二级文物2件，三级文物13件。

八、贞节石牌坊

贞节石牌坊位于广南县莲城镇龙井社区西门街，是反映西南民族地区古朴民风的重要代表性建筑。始建于民国八年（1919年），为旌表女教师廖挹珊而建。青石质，穿梁式仿木结构建筑，单开间，高6米，宽5米，左右须弥座墩前后皆有伏卧的石狮。坊之顶部为仿古屋面，四角上翘，正脊透雕花草，两端吻兽。左右坊柱楹联："里标孝德节操，似翠柏苍松；台荣怀清真义，同冰雷铁石。"匾额下雕刻"双龙戏珠"，其他部位皆刻鸟兽、人物、花卉等图案，牌坊正反两面各置石狮一对。整个石雕建筑造型美观，雕刻技术精湛。特别是石牌坊的构造和石刻浮雕艺术为广南石牌坊的研究提供了难得的实物史料，具有较高的历史、科学和艺术价值。1985年被列为县级文物保护单位，1997年被列为州级文物保护单位。

廖挹珊简介：

廖挹珊，女，生卒年月不详，广南县城人。幼读经史，饱学多才。成年后与方秉礼结婚，不幸中年丧偶。之后，廖挹珊把全部精力倾注于培养地方学子，终身从事教育工作。她最初在家设立私塾，专授女徒，至光绪三十二年（1906年）县城女子小学成立，将廖挹珊女私塾并入该校，廖挹珊应聘入该校执教至终年。民国初年，广南率先晋省城升学的张华粹，相继的何秀莲、习红渠等先进女性都出其门下。由于她教学有方，循循善诱，深得师生及家长的尊重，社会人士对她一直给以崇高的赞誉，每提到"方先生、方老师"（旧时，民间有妇从夫姓的封建传统，称廖挹珊为“方老师”），总是肃然起敬，交口称颂。廖挹珊亡故后，县劝学所、教育会、高等小学、初等小学、女子小学共同为之建牌坊纪念，以示崇敬。

有诗曰：

冰清玉洁廖挹珊，夫君早逝尘不染。
终身广郡兴教育，松筠柏翠万代传。

九、洗马塘

洗马塘又名古蚌塘，位于广南县城西面。清嘉庆二十一年（1816年），知府宋湘率民开掘，其用途：一是供官员洗坐骑——马；二是灌溉塘下面的近百亩稻田，旱涝保收。现在的洗马塘，塘水清粼，鱼翔浅底，雕栏成排，楼阁相映，舞池娱人，是广南县城知名游乐场所，它有另一个现代化的名字——金湖时代。

十、铜鼓广场

铜鼓，用青铜铸造的鼓。1919 年广南出土的阿章竞渡铜鼓是世界上最美丽的铜鼓，现为云南省博物馆的镇馆之宝。1983 年、1985 年广南分别出土了沙果Ⅰ号、沙果Ⅱ号铜鼓，其中沙果Ⅰ号铜鼓被定为国家一级文物。2017 年广南出土了世界上最大的铜鼓，广南民间流传下来的铜鼓有 40 余面。广南被公认为世界铜鼓文化发源地之一，是有名的铜鼓之乡。

2000 年兴建铜鼓广场，总面积 9 万余平方米。铜鼓广场的中央放置以阿章铜鼓作原型的放大 10 倍的造型铜鼓，在大铜鼓周围又放置八面有代表性的小铜鼓。

铜鼓广场的东面山坡是广南县烈士陵园，南面是广南高铁站，西边紧连世外桃源大酒店，北面是广南县人民政府办公大楼。从县政府门前的大门进入，正面依次是万人观戏场、舞台、大铜鼓、人面当卢，左右两边是花坛、过道等。

清代广南知府李熙龄题诗：

铜鼓遗珍

伏波遗鼓制弥工，斑剥何曾蚀雨风。
异代珍为夷俗乐，当年铸就汉家铜。
摩挲遥想销兵气，歌唱长思立柱功。
不朽勋名谁继美，千秋寄迹武侯同。

十一、皇姑庙与皇姑坟

皇姑坟又名安化郡主墓，位于莲城镇西南太平寨背后的小山峁上。

清顺治三年（1646 年），朱由榔在广东肇庆称帝，年号永历。1661 年清军大军压境，朱由榔带领不愿投降的众臣和家眷由广东肇庆向云南撤退，企图向缅甸流亡。到贵州安龙安顿好流亡政府后，年方十六岁的妹妹安化郡主不愿留在安龙，跟着哥哥朱由榔继续长途跋涉，途经广南县城西郊马蹄井，因又累又饿，死在这里，被草草掩埋后，朱由榔继续向昆明方向逃窜。时有革农村（今太平寨）村民见到金枝玉叶的皇姑被草草埋葬在荒山野岭、豺狼出没的地方，实在不忍心，于是村民们凑钱买棺材重新殓尸抬到革农村村头安埋。

革农村以前灾难频频，年年被火烧村寨，所以又称作火烧寨。自从皇姑埋下以后，火不烧寨子了，年年风调雨顺。人们认定是皇姑

接皇姑

保佑，于是为她石砌坟墓和立碑，碑文写道："明桂恭王府安化郡主墓"。坟墓重新修好后，革农村更加发达，于是把"革农村"的村名改为"太平寨"。又在墓前 1.5 米处建盖皇姑庙，并于每年农历四月的第一个寅日到庙里祭祀皇姑，从来没有间断过。开始仅限于太平寨村的壮族村民，后扩展到广南各民族同祭。

皇姑庙建成后，曾于民国元年（1912 年）、民国六年（1917 年）重修。21 世纪初，广南县人民政府重修皇姑庙，增加了厢房两道石碑坊，庙前还有能容纳两千多人的青石广场。庙宇庄严雄伟，古色古香，成为广南一道亮丽风景点。

大门联：

玉骨流香

流裔溯明时，遗憾深山埋玉骨。

边城有夷俗，讴歌首夏吊皇姑。

清代广南知府董国华诗：

皇姑墓

郭外王姬冢，埋香值播迁。
秦楼虚待同，吴市竟成烟。
家国飘摇日，宫闱少小年。
秾华叹桃李，红烧墓门前。

十二、马蹄井

马蹄井原位于广南府城西郊。这里有两个故事：

一是北宋年间侬智高起义，杨文广率军镇压，大部队来到广南府城西郊，太阳当头，烈日炎炎，兵马困乏不能前行，时杨文广的坐骑昂首咆哮，士兵不解其意，解除缰绳，由它奔跑。才解开绳，这马用前蹄刨地，不多时就刨出一个洞，喷出清泉。全军人马喝到泉水，神情振奋。后来人们为纪念这个洞的由来，取名“马蹄井”。

二是明永历年间，永历皇帝由广东肇庆朝贵州、云南方向逃亡，年方十六岁的妹妹安化郡主不愿留降广东，随兄逃亡。当逃到马蹄井时，安化郡主病饿交加，一命呜呼在马蹄井旁。有诗曰：

马蹄井

其一

历史长河近千年，回想宋代尽烽烟。
智高举义特磨道，文广镇压高悬鞭。

马蹄井

人乏马困路难行，天高云淡烈日炎。
神驹刨出清泉水，宋军得救笑开颜。

其二

国破山河依旧在，王公贵族地动衰。
南明流亡离肇庆，携妹逃到广南来。
病饿交加难行走，皇姑呜呼马蹄埃。
壮民惜玉安化主，移葬革农建庙台。

十三、体育公园

广南体育公园又称森林公园，始建于21世纪初，位于县城北郊，广南大道北侧。公园分三个片区：西面是体育广场，设备较多，有足球场、篮球场、网球馆、排球场、健身器材场、大舞场、幼教中心等；北面是住宅区，这里高楼林立；公路相隔，东面是森林公园，这里常年绿荫，小溪潺潺，鸟语花香，曲径通幽，拱桥跨河，舞池人狂，假山淌水。

十四、昊天阁

昊天阁，又名玉皇阁，因顶内供奉玉皇大帝铜像而得名。位于广南县城北街侬氏土司衙署南侧缓坡上，坐东北向西南，由昊天阁、门楼、花园及围墙组成。始建于清乾隆年间，原为道教活动场所——皇经观建筑群中的独立单元。护国战争时期，昊天阁是护国军东线战场的总指挥部，李烈钧总司令在这里坐镇指挥。昊天阁占地 141.52 平方米，通面阔 12.2 米，通进深 11.6 米，通高 18.6 米，共立 26 柱，其中 4 根内金柱直通顶部。为六角攒尖三重檐建筑格式，底层为砖木结

昊天阁

昊天阁

构，上两层为木构架。用材硕大，建筑技艺精湛，是广南县的重要古迹之一。

十五、都天阁

都天阁位于广南县莲城镇莲湖公园北侧，始建于清嘉庆二十四年（1819 年），原为万寿宫建筑之一，因内原供奉“都天菩萨”木雕坐像，称都天阁。坐北向南，阁基呈六边形，基高 1.8 米，每方面阔 5.5 米，亭高 9 米，占地 60 平方米。建筑雕梁画栋，精巧别致。6 内柱直通顶部，系两层，重檐六角攒尖式顶，顶置宝瓶。阁檐两层额上设内外斜叉斗拱，昂、翘、耍头上雕刻象、龙、凤等图案装饰，四扇格门透雕花卉，裙板浮雕棋、拐杖、花草等，门前为八级台阶，中为分心石，雕刻“云龙水纹”图，左右垂带下置一对小狮。都天阁是广南历史文化名城的标志性古建筑之一。

都天阁

十六、珍珠泉

珍珠泉位于广南县莲城镇冷水沟村大龙山脚，泉水面积约 800 平方米，泉内常年不断地吐出滚动的水泡，大如纽扣，小如豆粒，像闪耀的串串珍珠，由下至上不断涌出，故得名珍珠泉。“珍珠”浮起时，似串珠状，又似梅花状，时而千珠闪动，千姿百态，使人目不暇接。泉底有一个约直径为 50 厘米大小的出口，冒水时带有细白沙粒随之翻滚。泉水清澈见底，水深 1.5 ~ 2 米，泉水保持恒温，冬季不低于 18℃，冬暖夏凉。泉水常年不断地从一条宽 1.2 米、深 0.5 米的明沟渠流出，可灌农田 200 余亩。

珍珠泉的东北面有大龙山，似绿色屏风，西面有广南至珠街丘北的二级公路，冷水沟河水从泉边绕过，北约 300 米处有古人类遗址龙脖山洞，南 200 米处有形似鳌鱼的一土山包，蔚然奇景，山水秀丽，风光迷人。

十七、沙坝水库

沙坝水库位于广南县派播村南，1957 年兴建，库容量 169 万立方米，水质清纯，碧波荡漾，水库四周青山环抱，湖中小岛树木苍翠，水库边森林繁茂。沙坝水库可游泳、登山、泛舟、垂钓、野炊、烧烤，是度假、避暑的好去处。沙坝水库已逐步成为城区人民和外地游客的旅游景点。

进入 21 世纪，不知从何处飞来白鹭数百只，此后逐年增多，夜晚栖歇于水库中小岛上的松树梢，白天觅食于原野，景色壮观。

题联：

沙坝水库

两道堤坝锁绿水
三山小岛挺古松

仙鹤登枝颂生态
鲤鱼翔浅歌自由

郊游避暑沙坝好
创业发展莲城强

谈情说爱绝胜地
赏景游玩好佳园

题诗：

沙坝水库

其一

中秋过后天变凉，满山遍野枯草黄。
田原黍粟全收尽，谷茬秸秆现洪荒。

其二

幸有青松挺山岗，仙鹤登枝脖伸长。
踏秋正是秋光好，嫩寒初临菊花香。

十八、文笔塔

文笔塔位于广南县小坝洒村东侧三台坡上，为大角空心密檐塔，系清嘉庆十八至十九年（1813—1814 年）建。前建在城南外 2 里红坡上，知府何愚以之距城太近，塔体矮小，于咸丰元年（1851 年）移建至三台坡。此塔方各一丈二尺，11 层，基以条石砌筑，塔体为青砖砌筑，逐层往上收小，通高 36.8 米，底层内空直径 4.8 米，每层前后有圆拱装饰假窗。结构严谨，造型挺拔。塔顶曾遭雷击，坍塌大半；因年久失修，塔身裂纹逐年扩大；塔底内围壁砖被撬，面临倒塌。1982 年，广南县人民政府拨款修复。在施工中发现第七和第十层壁窗内置铜铸“文昌帝君”坐像和“魁星菩萨”立像各 1 尊，其背后夹墙内置黄、红、蓝、白、黑冠戴顶珠 5 颗，系水晶、象牙等材料制成；另有木制小巧书箱 1 只，内装书 1 本（已成碎绒片，字迹无法辨认），毛笔 100 支，精巧圆形石砚 1 块，砚底镌刻有“雁塔题名”四个篆体字，下款为“咸丰元年嘉平月识”字样。上列遗物经整修后仍放置原位。1984 年，广南县人民政府于三台坡垭口新建一座混凝土仿古式三开间牌坊，上书“莲郡胜境”四字，于古塔两侧之山岭各建仿古式混凝土构造凉亭供游人休憩，分别取名“望莲亭”“清风亭”。1993 年 11 月 17 日，云南省人民政府公布文笔塔为省级重点文物保护单位。

知府何愚修塔的目的是让广南多出文人，所以他把培风书院、广南府学、文笔塔调在一条线上。据考证，文笔塔建好后，广南出了不少文人，比较著名的有方玉润、柯仲平等。

十九、万寿寺

万寿寺原称万佛寺，又名天竺寺。位于县城东郊2千米许的那安寨右侧，坐北向南。寺中罗汉像为数百年前名手所塑，殿宇匾联多为方友石、陈秉均等书。原为二进四合院，始建于清康熙九年（1670年），占地面积约1400平方米。后于康熙二十五年（1686年）、嘉庆九年（1804年）、道光二十五年（1845年）3次重修。现存前殿3间，前门口有22级台阶，檐柱身正面阴刻广南知府施道生题颜体楷书楹联："凡为留一线生机，即是圆通自在；遇事存几分善念，为参灵感观音。"今楹联保存完好。1985年5月，文山州人民政府公布万寿寺为州级重点文物保护单位。

万寿寺

二十、千古名村——六郎城

六郎城位于广南县城东部 19 千米处，隶属广南县杨柳井乡宝月关村委会。北宋名将杨文广征讨侬智高到此，并在此设置指挥中心大本营。后人为纪念杨文广，把该村以杨文广之父杨延昭（杨六郎）命名，称“六郎城”。

六郎城坐落于群山怀抱的半山腰之中，东西南三面是高山峻岭，北面有一条小路从山脚的宝月关小河曲折蜿蜒而上。1949 年前历代都在村口设寨门，只要寨门一关，任何人莫想进得去。清代广南举人杨应聘赋诗《宝月雄关》：

半壁关开岭南头，东南门户此咽喉。
入得营寨归扃销，百粤山川接下流。
遥向斜阳窥白马，不须紫气问青牛。
何人错认岩前月，浪说将军夜度秋。

北宋年间，侬智高起义军在广西昆仑关与狄青战败后，在继父侬夏卿的支持下退入特磨道继续抵抗，此时该村称为营上。宋军和侬智高起义军隔西洋江对峙很长时间后，宋廷派杨文广带兵征讨，并增加了很多兵力。杨文广经“久困西洋”渡过西洋江后所向披靡，经过“三打宝月”夺取了侬智高的大本营。杨文广也把宋军的大本营设在这里。六郎城北大门下有个很深的洞，双方把在激战中战死的士兵丢进洞中填土掩埋。六郎城的东西南三面山巅建有四座石头碉堡，堡内有瞭望孔，还有城墙。这些作战工事是侬智高军队所建造还是宋军杨文广军队所建造，现已无考，但遗址尚存。清代广南知府桂福写下《六郎城咏》：

六月三同祭杨六郎与侬智高

六郎城寨门

万堵峰峦列女墙，雉城原是白云乡。
蚕丛栈逖纡高下，雁户人家任隐藏。
地险关雄仍王垒，山环水绕自金汤。
只因生在莲花界，也把村名号六郎。

走进如今的六郎城，三面环山，参天古树把大地遮得严严实实，名贵树种应有尽有，名贵中药寄生在这些名贵树木的枝丫上。靠近村民住房地带是翠竹，风景秀美。这与壮族“要出人才，必须培植风水”相关。在六郎城没有人去龙山砍伐树木，就是死在龙山中的干树，也没有人敢去动。六郎城历代名人辈出。清光绪十九年（1893年）萧景清考取进士后，在六郎城倡导办学，主张明礼，教民易俗。20世纪初，六郎城的房屋建筑开始由干栏式转为汉式建筑，学习汉族语言文字，学习汉族生产技术。

进入21世纪，广南县旅游业兴起，六郎城村民用自身优势发展旅游业。在原有野生药材铁皮石斛的基础上增加密度，使之又在树枝上、石头上种植更多的品种。由山下抽水到山顶，架水管贯通栽植铁皮石斛的所有地方，形成负离子雾气浇灌药草。当你进入六郎城的山中，就如步入仙境一般。由此，旅游人数逐年增多，现今每天有成千上万人进入山中，一是看古战场，二是欣赏被称为“仙草”的铁皮石斛，三是体验壮族的民风民俗。

清代广南知府李熙龄诗：

宝月雄关

东南险峻镇雄关，宝月高悬万仞间。
绝岭嵯峨通百粤，重岗断续锁诸蛮。
天门夜静烽烟色，石栈晨消藓露斑。
深喜边陲常巩固，千秋蟾影卧空山。

二十一、广南县高铁站

广南县高铁站位于广南县城南部的八大河村后，距老城区中心 2 千米，车站规模 2 台 4 线，建筑面积 5999 平方米，于 2016 年 12 月 28 日开通营运。高铁站附近设汽车客运站、出租车站等。

由广南乘高铁可直接到达的旅游景区：云南的普者黑、弥勒、石林、昆明、大理、丽江、临沧、保山、楚雄等；广西的百色、贵港、南宁、柳州、北海；广东的广州、珠海、深圳、佛山；湖南的衡阳等。

第八章　远景规划

广南县国土面积7810平方千米，居云南省县级面积第二位。地势成阶梯状，西高东低，山地面积占总面积的94.7%。特殊的地形结构形成众多旅游资源，如溶洞、河道、森林等。

西汉元鼎六年（公元前111年）建立句町县，广南至今已有2000多年的建县历史，是云南省建县历史较长的县份。悠久的历史，创造出无数人文景观，据统计，仅不可移动的非物质文化遗产就有186处，这些景点构成了广南不可多得的文化旅游资源。

广南县境内居住着壮族、汉族、苗族、瑶族等28个民族，人口80.5万人，少数民族人口49.7万人，占总人口的61.8%。其中，壮族人口34.2万人，是云南省壮族人口最多的县份；苗族人口9.7万人，是云南省苗族人口最多的县份。广南的少数民族有自己的语言、节日、文学艺术、歌舞、饮食、服饰等，造就了丰富多彩的民族文化旅游资源。广南县景点多处，把广南打造成文化大县、旅游大县，不仅是广南人的梦想，也是文山州、云南省的梦想。广南县已被列入全国乡村景点旅游大县建设。

广南的旅游业可以说是从零开始。虽然1984年八宝就被批准为云南省的风景名胜区，但是，没有很好地开发利用。20世纪末开发坝美景区，2001年开始对外接待游客至2011年，广南的旅游业都是亏本经营，直到2011年方扭亏为盈，此后每年都有不同程度的增长。

广南县旅游业的远景规划是把全县的景点划分为四个片区，即生态文化片区、地母朝拜文化片区、句町历史文化片区和御贡文化片区。当前，打造广南旅游大县，是以坝美世外桃源为主体，向周边辐射而进行的。广南县旅游局把坝美景区和九龙山森林公园的路线分为四条，按四条路线作近期规划，相信在不远的将来，广南定会实现全国旅游大县的梦想。

第一节　片区划分

广南县把打造旅游大县的规划分为四个片区。

一、生态文化片区

生态文化（即坝美、九龙山的人文生态和自然生态旅游文化）片区，以世外桃源坝美景区为核心，向外延伸至者兔乡九龙山自然保护区，将片区内独特的桃源隐逸文化、壮族民族民间文化、自然山水文化融为一体，开发一批体现山水田园、桃源美景以及壮家特色建筑、民俗民风的旅游产品。重点打造世外桃源坝美景区、那洞万亩桫椤林、底先河谷漂流、九龙山国家森林公园等项目，使其成为广南县旅游产业发展的重点片区和龙头景区。

二、地母朝拜文化片区

地母朝拜文化（即莲城、普千地母信仰文化）片区，以地母历史文化旅游项目为依托，以省级历史文化名城莲城现存的186处不可移动文物为载体，以“接皇姑”“地母圣诞”等民俗活动为载体，以地母历史文化发源地之一的普千村为补充，全面展现地母文化的内涵及外延，形成以县城为中心的旅游集散地，打造成为全国知名的5A级景区。

三、句町历史文化片区

句町历史文化（即董堡、南屏、黑支果的历史文化及穴居文化）片区，以黑支果牡宜句町王族墓地群为核心，依托“天下第一奇村”——峰岩洞、云仙宫等独具特色的洞穴溶洞景观，向外延伸至董堡乡牡露依人谷等壮族文化浓郁的区域，打造集探险、科考、观光、休闲为一体的旅游景区。

四、御贡文化片区

御贡文化（即八宝稻作贡米文化、三腊风景区的山水田园文化）片区，以八宝大米的历史渊源为文化内涵，以三腊瀑布、河野风光等为项目核心，重点体现八宝独特的农耕文化、饮食文化、歌舞文化、服饰文化等。这里出产全国十大名米（黑米、紫米、墨米、血糯米、胭脂米、珍珠米、八宝米、四川香米、纪山龙米、湖北珍米）之一的八宝米，重点建设项目有三腊瀑布景区、农耕文化大观园、河野漂流等。

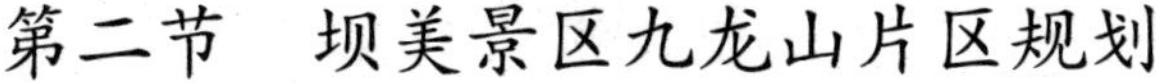

第二节　坝美景区九龙山片区规划

一、旅游线路规划

线路一

涉及乡镇：莲城镇、坝美镇。

旅游线路：莲城—间歇泉—那洞桫椤林—坝美革坠溶洞—木枧溶洞—鸳鸯泉—歌仙坟—观音洞—普千—世外桃源—莲城。

线路二

涉及乡镇：坝美镇、者兔乡、者太乡。

旅游线路：莲城—者兔九龙山—者兔、者太千年壮寨—师宗凤凰谷。

线路三

涉及乡镇：坝美镇、堂上农场、石山农场、底圩乡。

旅游线路：坝美—底先—堂上、石山农场—普盆—普片农业休闲体验。

线路四

涉及乡镇：底圩乡、五珠乡、石山农场、堂上农场。

旅游线路：莲城—五珠红石岩海尾坝子—老厂白石岩洞—七星湖—莲城。

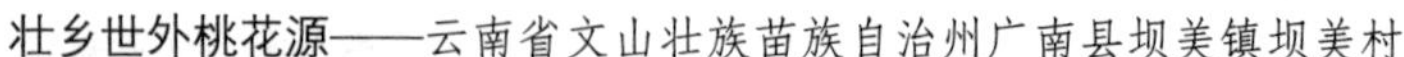

九龙山原始森林

二、九龙山概况

九龙山位于云南省文山州广南县者兔、者太、底圩三乡交界处，主峰位于广南县者兔乡境内，海拔1933.7米，是广南县北部第一高峰。

九龙山核心管控区位于广南县者兔乡境内，周边包括那贝、里纠、克安、板内、坡茂、拖同、那拉、坡马、未志、未曰、那六、浪老等12个村小组。九龙山天然林管控范围10.5万亩，缓冲区8.01万亩，核心区2.49万亩。其中，九龙山主峰区12295亩。九龙管护区——九龙山峰和龙门口的原始森林3485亩，其他天然林地3625亩，灌木林地52亩，经济林地1295.5亩，宜林荒山荒地3837.5亩。共有公益林13468亩，其中国家公益林10342亩，省级公益林3126亩。国家级公益林核心区6655亩，缓冲区3687亩；省级公益林核心区495亩，缓冲区2631亩。

九龙山森林植被属亚热带常绿阔叶林，原生植被是湿润常绿阔叶林，次生植被是云南松林。该植被类型共有4个植被型、4个植被亚型和11个群系。经初步考察，九龙山区域内维管束植物区系共149科、471属、661种。其中，蕨类植物31科、52属、88种；裸子植物3科、4属、4种；被子植物114科、415属、569种。九龙山内目前发现分布有国家重点保护野生植物10种，有伯乐树、长蕊木兰等国家一级保护植物，红花木莲、云南单性木兰、楠木、金荞麦、榛木、马尾树、喜树、香果树等8种国家二级保护植物，有野生古茶树、野生藤茶、红花油茶等具有研究和开发价值的地域特色植物，有兰花、山茶花、杜鹃花、马缨花、翠竹、三角枫、青冈木等观赏植物，有野生三七、重楼、白芨、铁皮石斛等多种药用植物。九龙山周边分布有野生藤茶、老树茶、红米等特色原生态植物，群众有采摘野生藤茶加工泡饮的习惯。藤茶所含黄铜等微量元素较多，近年来通过

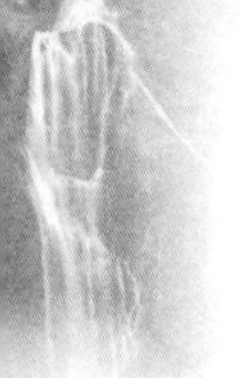

盘根错节

引导和扶持，九龙山藤茶已经逐步受到消费者的青睐。

初步考证九龙山有49种鸟类，其中，苍鹰、普通鵟、白鹇、长尾阔嘴鸟为国家二级重点保护鸟类，有野猪、猴子、野兔、云南穿山甲等动物。

九龙山主峰为西洋江、驮娘江的分水岭，是清水江重要支流的发源地，也是珠江源头之一。周围山麓有大小12条溪流：西部的者妈河，发源于西岭（坡）南面山间的郎老，向南流经者曰至奎浮，中途纳东山间两条溪流，“三源合一”，经下斗月纳上斗月水，又经者妈折向西汇入清水江。北面有未曰、坡马、暮作、达生、弄后五溪于石尧交汇向东北入达秧河，达秧河亦称洛里河，集数流后再南流不远汇入广西西林并入驮娘江。南面，贯通广南县全境、蜿蜒流程数百公里的西洋江发源于九龙山之巅，主流从那拉向东流至里纠寨脚，折向南纳那坝之山溪，然后流至汤哈又向东南直下，集数溪后流量增大而称“大河”；另一支流发源于里毕，向东南经那六到水头汇绿芽之溪，经者兔又折往东流至那伦与“大河”相交，再向东南汇入西洋江。除这些主峰水源之外，尚有几条重要支流：东部的坝美河，发源于莲城分水岭和吉嘎，到打卦交汇，再北流经阿科到汤那进地下河再出坝美又入地下河出法利，继续向北蜿蜒进驮娘江；最北端的达秧河（洛里河）主要源头，是发源于那陇、未漫的者嘎小溪和发源于石山农场向东北至里蒙折往东的小溪汇成，流经八达至底先交驮娘江。西有发源于杨梅山东北的一小溪南流经上斗月下斗月交者妈河；又有杨梅山之西麓出一水，流经者太在尾落入暗河交清水江。南端还有一溪流，发源于同底六，东至糯乍又折向南至红石岩入夕板河汇入西洋江。九龙山的重要资源就是水，九龙山之“九龙”称谓亦来源于水。溪流源泉虽有十多处，而九龙山下的壮家人只称有九条，因为“九”是壮族人

九龙山中——江河之源

民美好而吉利的数目：第一表示宏大，第二表示丰厚，第三表示久远。九龙山主体山峰并不高大，它被人们神秘化的主要原因也就是辐射四周的泉水都发源于此。再则，历史上对九龙山享有主祭权和主管权的仅有九个自然村，而行使“神权”保护的仍然是九条溪流，并且被保护的水源不但是九龙山的主流，更重要的是这被保护的水源是有史以来这方人民赖以生存的命脉，是千百年来一直被用作灌溉“神田”的“神泉”。所以，九龙山之水资源堪称生命之源，她不但养育了九龙山人，还造就了丰富而珍贵的九龙山文化，被赞誉为“万山鼻祖，江河之源”。

三、千年壮寨——马碧村

千年壮寨马碧村隶属于者兔乡者莫村委会，该村被清水江一分为二。马碧村附近约 20 千米的河段又称马碧河。马碧村距村委会所在地 5 千米，距丘（北）广（南）公路 7 千米，距乡政府所在地 45 千米，距广南县城 68 千米，距丘北县普者黑 67 千米。平均海拔 1100 米，年平均气温 21℃，年降水量 1056 毫米。马碧村前流经一条河流，发源于九龙山，宽约 50 余米，是者兔乡境内最大的河流，村中有跨度 52 米的铁索桥一座，是村子外出的必经之路，也是去丘北县平寨乡的必经之路。河两岸是稻田，整个村子坐落在两岸的山坡上。干栏式民居因地形坡度而显得错落有致，整个村庄以居住区为中心，外围周边及房前屋后绿树成荫，果树成林，村子周围被山林包围，山清水秀，景色宜人。马碧村共有 133 户 683 人，其中干栏式民居保存较为完好的有 118 处，是者兔乡乃至广南县壮族干栏式民居保存较完好的民族特色村庄之一。

到马碧旅游，一是看山。从丘北县革雷电站一直到马碧下游十余千米，两岸山连山，既有喀斯特地貌的悬崖峭壁，又有被洪水冲刷出

马碧村

马碧吊桥

来的土山的千沟万壑。古树名木到处都有，野兽、鸟类随时可见。二是看水。清水江中的马碧河段险滩四伏，绿水长流。旱季河水清澈见底，鱼翔浅底、龟鳖慢行的情景让人流连忘返。在马碧村，定有村规民约，任何人不敢在这一河段炸鱼麻鱼，违者重罚，所以这一河段鱼非常多。雨季江水汹涌澎湃，响声震耳，在铁索桥建成之前，有一座木桥贯通两岸。在雨天洪水大发之际，村民们只要腰挎一个竹篓，或撒网，或用捞兜沿岸打鱼，都会满载而归。打回来的鱼吃不完就用坛子腌起来。三是看民风民俗。壮族的服饰文化、民居文化、饮食文化在这里都得到充分体现。

四、杨梅山

杨梅山位于者太乡东面 12 千米，位于三省（云南、贵州、广西）五县（丘北、师宗、广南、罗平、西林）结合部，从这里出发到广南、丘北、师宗、西林均需两三个小时左右车程，周边有丘北普者黑风景区、罗平九龙风景区、师宗凤凰谷、广南世外桃源等著名旅游片区。杨梅山西邻普者黑，西北接凤凰谷，东北连多依河、九龙瀑布，东邻世外桃源坝美，正好处于普者黑与坝美（世外桃源）精品旅游带的黄金分割点。

杨梅山气候以暖温湿润气候为主，山地立体气候特征明显，年平均气温 16.5℃，是广南县境内第二高峰，主峰海拔 1978 米。景区规划范围东连九龙山，南起者者公路，西含哪骂后山，北至杨窝大箐，总面积约 20 平方千米，核心区为主峰靠者太乡一侧向东北方向延伸约 6 千米形成的“U”型峡谷，相对高差约 750 米，森林面积 2.1 万亩，森林覆盖率达 80% 以上。山川秀丽，有众多的瀑布山泉，万木葱茏。主要植物有马尾松林、人工杉木林、常绿针阔混交林，有国家二级保护树种红椿，有木兰科、桤木、栎类及兰科等树木和多种鸟类。

杨梅山区自然旅游资源可以分成以山体、陡坡、沟壑等为主的山地景观，山谷中分布的溪流和田园与山体骨架形成刚柔并济的溪谷景观，受水平和垂直气候的影响而形成的丰富多样的生物景观和复杂的地形变化所形成的山地小气候及由此衍生的山地天象景观。核心区有哪骂、未骂、同寨三个村寨，居住着壮族和彝族。

杨梅山群峰连绵，奇峰秀岭，潭泉长流，东面和北面有十余万亩高山草场。正是“横看成岭侧成峰，远近高低各不同。置身谷峰欲飘然，十里情境不同风”。到杨梅山旅游，可避暑，可登山，可观云，可科考，可探险。到了顶峰，可感受到“会当凌绝顶，一览众山小”的千古名句。

五、酒乡——米哈村

米哈村位于者太乡南部，距乡政府所在地 10 千米，距广南县城 80 千米，距丘广公路交会处 30 千米。国土面积 14.3 平方千米，海拔 1390 米，年平均气温 16℃，年降水量 1300 毫米。处在普者黑与坝美旅游带的中间，周边有杨梅山、九龙山连成一线。

米哈村是壮族村，2016 年有 132 户 537 人，人均耕地面积 0.58 亩。村中干栏式民居依山而建，村内古树苍翠，错落有致，步步入景，使得整村显得古朴厚重。建筑布局、整体结构及其功能特征，具有丰富的文化内涵。村寨周围有整片古木参天的风水树林山地，并立为“竜山”，山里祭有树神（龙树），村民秉性古道热肠、勤劳朴实、敦厚有礼，民风民俗淳朴。该村民族文化气息浓厚，拥有众多的民族特色文化资源，村里除了每年都举行别具特色的节庆、祭祀等活动外，还保存着最为原始的牛角舞、兵器舞、铜鼓舞等一系列具有民俗特色的活动。村民中还保存着最原始的自酿米酒技艺。春天来时，他们会三五家作为一个整体，上山采集多达 25 种以上的草药，配以

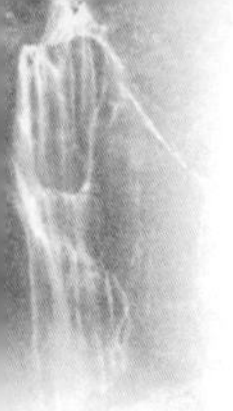

炊烟袅袅吊脚楼

谷子酿造米酒。米哈村的米酒清香、甘醇，深受人们喜爱，在当地有“酒乡”之称。

六、者兔“花街节”

“花街节”，又称“风流节”“开秧门节”“圩龙那”（壮语），每年农历三月的第二个辰日在者兔举行。据说以前是为传递春耕生产节令信息而兴起的习俗。后来每年农历三月中旬属龙这天，周边县乡壮族村寨老年人、壮年人、青年人，邀约各自的亲朋好友、情人伴侣到街上相会，共叙友情，尽情歌舞，而青年们则借此为冲破婚姻包办枷锁，争取自由恋爱、自由择偶的机遇，久而久之成了壮族青年男女自由恋爱的场所。壮家人民相沿以“赶花街”为传统的重大节日活动。节期临近，壮族人民像过年一样，杀鸡宰鸭，布借（长辈）们为子女蒸煮花糯饭、花鸡蛋等食品；勒冒（姑娘）们都忙于筹划穿戴打扮，织制送给情郎的定情物；勒少（小伙子）们也准备好头帕、银镯、项链等信物以送情人。“花街”期间，壮乡山寨热情洋溢，穿着节日盛装的男女老少，三三两两，邀约结群走出村寨，一路欢声笑语。

人们从四面八方云集街场，邻近县乡的各兄弟民族也来参加壮族人民的盛会，老年人相见道福言欢，青年人欢聚一堂，笑声朗朗，街场上人流如注，熙熙攘攘，一片百花妍春、烂漫迷人的景象。路上自行车、马车、摩托车、汽车等络绎不绝，街集上摆有很多百货、小吃、农副产品进行交易。中午时分，人们在欢乐之中，相知的好友邀约七八人共进午餐，相互劝酒祝福和叙旧。当花街最热闹的时候，身着盛装、头戴银饰品、身穿黑色百褶裙的妇女，不约而同地手拉着手围起一个大圆圈，翩翩起舞，跳起别具风格的壮家“手巾舞”。欢乐的舞蹈方兴未艾，清脆的民歌演唱也开始了。打扮得多姿多彩的勒少（姑娘）们舞兴未尽，已应勒冒（小伙子）们的邀约，在街场上三个一堆、五个一伙地放开歌喉，你唱我和，尽情地抒发内心的激情，歌唱盛世的生活，淋漓尽致地展示花海歌乡的风韵。对歌越唱越欢，难舍难分，许多男女青年在对歌中建立了感情，直至夕阳西下、红霞满天时，一对对情侣于路旁、田埂边、溪边，窃窃私语，倾诉衷肠。到了月上树梢、歌声弥漫之时，街场上复变成委婉又叠韵的情歌世界。

1990 年后，“花街节”越办越热闹，这里不仅是青年男女谈情说爱的场所，还变成了物资交流的市场。每到“花街节”，市场上五金、百货、农副土特产品应有尽有，销量倍增。进入 21 世纪，由官方组织在县城设置街场，举行隆重开幕式，增加斗牛等活动项目，2011 年、2012 年连续两年邀请中央电视台、云南电视台主播主持节目，著名歌星杨洪基、蒋大为等人在开幕式上演唱，邀请省内外领导、专家学者到广南参加壮族文化学术研究。全国各地商界人士借此机会到广南洽谈生意，文山各县、广西百色地区很多企业也拿产品样品到广南设专场展销。

2013年后，“花街节”又返回者兔去办。2015年的“花街节”盛况空前，仅省内外采访记者就有200余名，十万余人赴者兔参加“花街节”，汽车停放在公路两旁，一辆接一辆，延伸十余千米。

七、“高山流水”

在者兔乡里夺村对面的悬崖绝壁上刻有“高山流水”四个大字，每字直径0.6米。此山高大奇特，壁立千仞，山崖高数百米，壁面宽130余米，崖形多姿，奇峰林立，直者如伞，卧者如龙，苍崖碧翠，玉带环绕，颇富“金凝翠黛，峭壁插青苍”的神韵。崖山横竖二三里，处处有奇观，峰回路转，蔚然壮观。崖上绿树成荫，古木参天，鸟语花香。崖间有一潭清泉，常年涓注不断，古称龙泉水，清凉甘甜。崖面光滑笔直，崖下是古驿道，崖脚出水深潭，常年灌溉着里夺坝子数百亩良田。

“高山流水”，是古代滇省通往两广的驿道必经之处。《云南通志》载，广南地处“两粤冲途，交夷要障”，东抵粤西（今广西），南临交趾（今越南），西通阿迷（今开远），北走弥勒湾（今丘北），地当水陆之冲，川原最为险固。宋朝，广南称特磨道，属邕州（今南宁）通南诏（今大理）的交通要道。明万历七年（1579年），朝廷派运铜使袁灏开辟滇粤通衢，奉修运铜孔道，经广南者兔里夺村“那岜来”时，看到那雄伟峰耸的崖壁奇景，流泉飞泻，藤萝下垂，青翠满目，景色迷人的自然景观有感，即攀崖亲笔书题“高山流水”四个大字。“高山流水”由此得名。在“高山流水”四个大字下面的岩壁上有碑牌11块，为记述元代官吏途经此地，及明、清时期官吏调离广南的德政之“去思碑”。

清道光戊戌年，郡人颜觐清曾游其胜，见一山峙立，下有清溪环绕，上刻“高山流水”四个大字，11片门式碑文已磨损模糊，字痕尚依稀可辨，乃寻寨老问之，曰：此前官有德政之“去思碑”也。由此有感，援笔成五言古诗一首，以纪其胜。《广南府志》载此五言古诗：

余有山水癖，当怀壮游志。
嵩岳拟登攀，沧溟劳梦寐。
□□有奇观，耳闻足未至。
年来觅砚田，始获经其地。
初寻山经人，仿佛得大意。
如读索靖碑，乍见犹唾弃。
行行二三里，山川敞幽致。
鸟语远迎人，花香近扑鼻。
林密藏烟村，此景难图绘。
忽见一山立，矗矗插天际。
鸿蒙开辟时，鬼斧神工制。
下引清流溪，滔滔日夜逝。
长此千万年，令人每翘企。
昔有感怀人，高山流水寄。
宦游乘兴来，大书岩间字。
山麓列残碑，云是思良吏。
字迹虽模糊，口传尚堪志。
我行至期间，临玩穷幽邃。
俯流涤心清，仰峰迎面翠。
耳目为一新，豁然寻妙谛。
兴到笔随之，聊以记奇异。

“高山流水”，不仅是广南境内名胜古迹之一，也是珍禽异兽栖身之地，有国家级及省级保护动物岩羊、蟒、麝、麂子、刺猬等珍稀动物，有大量的花草名木及中草药材。十里长崖拔地而起，崖形各异，蔚为壮观，如屏如障，似雕似刻，如此巧夺天工，令人感叹！

第九章　诗词选

壮乡坝美

陆忠和

一江西水穿山流，两个溶洞锁春秋。
百丈悬崖观绿水，千峰倒影荡清流。
四海欢歌家乡美，五洲招来万千游。
此乃句町古国地，世外桃源名九州。

坝美拾趣

李开慧

一

洞口高崖紫燕梭，峰峦四起构田箩。
交根错叶夫妻树，共柳隔洲男女河。
竹橹轻摇虾有影，槽船慢荡水无波。
奇观能诱神仙住，胜比桃源景趣多。

二

引换船夫石坝津，真假世外总怡神。
桃花粉雨流红汗，水柳藓苔浣碧裙。

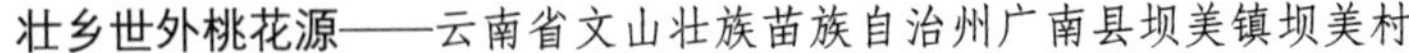

缓峭诸峰围锁路，暗明三洞荡销魂。
今春巧释桃源梦，胜景收斟壮酒樽。

三

醉看山川不染尘，族俗情趣蕴南坤。
撑杆溯水翁夫健，训马吆车少妇勤。
石径风馨蒸彩饮，泥场节庆舞霜巾。
清波洗尽红尘怨，小憩思居世外村。

念奴娇·故乡普千感古怀今

廖占富

古树参天，说流年，千年往事如烟。西汉年间，有遗存，出人面当卢。做工精良，青铜鸟纹，叙说古战事。旧时营盘，尚留多少印痕。遥想侬人当年，先祖抗外敌，浴血奋战。黑衣利刃，山林间，峭壁来去回如遥望故里，乡愁曾记否？山水入梦，岁月如歌，壮乡何时梦圆？

临江仙·桃源吟

韦海涛

欣逢满山樱花舞，风景这边独美。相约桃花源深处，此情应少有，畅游忘归路。

村外桃枝初吐蕊，放眼四野荒芜。暗香浮云竹篱疏，且问何以醉，山歌酒一壶。

沁园春·广南

蒙澍

宝宁风光，千岭茶香，万岭松涛。眺峰峦叠翠，汇流迢遥。西江恨浪，藏龙卧蛟。山驰绿野，塔耸碧霄，朝朝裁云待挥毫。遇春日，看红吞莲海，锦簇花潮。九龙神山缥缈，引无数游客诗兴饶。游三腊瀑布，天河倾倒，观音撒露，雨顺风调，陶公面壁，岁岁朝朝，古郡荷花映曲桥。大美矣，赏广南胜景，别具风骚。

如梦令·坝美

蒙澍

春归日暖风骤，坝美花肥柳瘦。
借问牧牛人，遥指一川锦绣。
畅游，畅游，洞奇山清水秀。

春归坝美

蒙澍

河畔垂杨舞嫩枝，壮乡水暖燕先知。
东风浩荡卷临早，唤醒农夫莫误时。

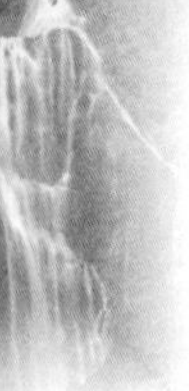

游坝美

蒙澍

一

客旅观光兴正稠，壮乡风景倍清幽。
人来车往行其道，犬吠鸡鸣绕寨楼。
水澈映出千岭翠，洞奇招引万人游。
桥边倌老频相问，避乱至今几度秋。

二

千载幽居群岭中，林栖彩凤水藏龙。
鹭飞碧沼四山雨，舟系绿荇满谷风。
万树烟岚笼暗淡，四时云雾锁朦胧。
难逢仙景开天日，自觉人游画卷中。

三

东山隐隐对斜晖，古洞阴森傍翠微。
路上轻车接客往，桥边小艇候宾回。
风吹芦苇黄莺散，雨洒秧苗白鹭飞。
水寨竹楼鸡唱晚，夕阳西下牧牛归。

广南世外桃源

王正良

年少拜读隐世篇，自当陶潜梦情编。
同耕眼眺九畦地，共享山环一片天。
流水弧桥引墨客，桃花飞鸟醉天仙。

人间美景非思幻，真慕广南现此园。

世外桃源——坝美村

黄子胜

乘舟入洞到村头，峦岭环畴亮眼眸。
水湍流滋柳绿岸，湾塘静影壮家楼。

坝美滴水村大阴洞

黄子胜

毓秀钟灵滴水村，大阴洞里景迷人。
龙宫探宝珠花异，地府览奇璞玉珍。
鬼斧神工石透镂，玄天幻境瀑轻喷。
桃源坝美添奇景，古迹新观造化深。

在广南六郎城（组诗）

梁正翔

寨门关隘

不高不矮
不宽不窄
唯一进村通道
一夫当关，万夫莫开
狙在外面的，都是
里面的敌人

宋时古堡

四围青山，悬崖峭壁
天赐的城堡
兵家必争，那是过去
如今
汉壮民族和谐团结，安居乐业
景色，静幽而美丽

战争遗迹

碉楼，哨卡，城防墙
丑陋的石块
苔藓厚重
北宋争战的硝烟早已散尽
呐喊厮杀的声音犹如在耳
不管正义还是非正义，战争
是为了和平

铁皮石斛

也喜欢，在这千年古堡
生存
既然是兵家必争之地
虽居中华九大仙草之首
也要来，分一杯羹
不仅是入药
鲜吃，榨汁，浸酒，泡茶
还是入膳
花样常新的石斛盛宴
正等待，你的光临

坝美水车

王旭

一

水车咿呀灌梯田，高高低低在河边。
夜以继日车清水，救活庄稼保丰收。

二

一大三小四相连，春夏繁忙不偷闲。
昼夜不停车车水，灌绿香稻片片田。

堂 上

夏云华

一

人将农场比天堂，年年金秋柑橘黄。
汁丰味美真鲜品，运往五湖源远长。

二

莫道遍地橘子黄，万山硕果满庭芳。
当年农垦开荒地，三百健儿赴堂上。

滴水村庄探古来

曾昭富

隆冬小雪不胜寒，云雾山中暖胸怀。
莲郡诗友喜相逢，滴水村庄探古来。

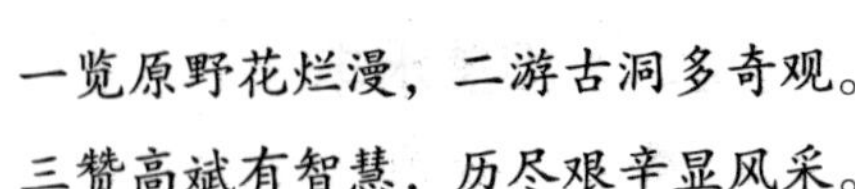

一览原野花烂漫，二游古洞多奇观。

三赞高斌有智慧，历尽艰辛显风采。

赞滴水洞景观

黄永昌

地下阴河在咆哮，天生玉柱景最娇。

粼光闪烁神龙现，观赏游人乐逍遥。

玄天幻境

黄永昌

玄耀崖壁现狮形，天生溶洞隐奇珍。

幻景欣逢龙神贺，境观壮丽醉游人。

题滴水山庄

黄永昌

魂居仙府数千年，古洞云封岁月迁。

丁酉显灵逢盛世，炎黄一脉证前缘。

坝美滴水洞

李凤道

一

青峰峙立耸云天，龙吐清溪银雾涓。

凝视彩虹云上舞，神奇仙景降人间。

二

水秀悬崖隐洞天，神宫福地景壮观。
洞穴宝藏金龙现，芳骨残留史记研。

三

洞中有洞碧波荡，银柱穿崖放彩光。
顾盼多姿收眼底，赏心醉景忘回乡。

滴水村

胡廷和

一

己亥冬游滴水村，大山顶上飘祥云。
村前村后风光好，景色清幽醉客人。

二

山峰奇异无双貌，鬼斧神工何日雕？
龙凤物形实在美，游人惊叹乐逍遥。

金龙河

胡廷和

一

金龙朝贺显神威，幻境玄天蕴柳梅。
水秀山清独特貌，仙人遗下岁月痕。

二

紫气东来风景美，金龙河畔游难回。

自然景色客称赞，树上河边雀鸟飞。

滴水村

依永元

小桥流水漪清涟，碧树青山住祖先。

风光旖旎隐古洞，游人漫赏似神仙。

大阴洞

侬永元

鬼斧神工浑天成，叹为观止赏不尽。

更喜考古传佳音，佳景人文辉相映。

游滴水村观感

陆纯诚

金龙现身滴水村，玲珑怪笋洞中生。

美景文化均呈现，身临胜境拜神灵。

滴水奇观

文向武

一

滴水溶洞地母立，洞内金鸡奉鳌鱼。

古人骨具历史证，遗迹文物无数奇。

二

滴水溶洞不平凡，杰出句町今广南。
金龙贺喜高斌盛，九十万民幸福来。

三

滴水溶洞滴水村，龙神风采现真身。
惊现中国广南县，开创业绩高先生。

四

玄天幻境诱遥君，滴水溶洞自然生。
五洲四海传喜报，壮丽广南添福星。

五

古人古洞古尸存，如今考古来验证。
国家科技真高手，文物古董澄清闻。

观滴水村有感

吴古鹤

一

玄天幻境滴水村，洞内奇观舞缤纷。
千姿百态难描绘，诗人至此难作文。

二

地母胜景大溶厅，祖先在此住与行。
人类进化发源地，岁月沧桑衍句町。

题滴水村

陆春早

此境为玄天幻境，非帝仙神佛不堪居住。
斯山被自然所宠，是人类起源稻作产地。

地母宫

邓正荣

一

龙吟虎啸泛金光，怪石林立非寻常。
地母娘娘施教化，手执拂尘荡蛮荒。

二

古今对话在洞天，一时遥望千万年。
炼石补天君莫叹，戳山通海在眼前。

三

笙箫鼓钹震万家，十五月色正无瑕。
莲城群众蹁跹舞，欢声笑语耀中华。

赞大阴洞

王秀刚

一

金龙河里游金龙，幻境洞内住神仙。
地母镇鳌声威慑，古人遗骸数千年。

二

仙洞美景数不清，奇峰异石胜千金。
幽深通道神工铸，地母娘宫似天庭。

三

句町前辈老祖宗，稻作根基由此从。
几经专家来考证，溯源历史万年通。

四

人类始祖多艰辛，山洞栖身冷冰冰。
结伴群居有智慧，骨骸保存到当今。

五

大慈大悲观世音，谆谆教诲地母听。
鳌鱼居心想作孽，金鸡啄烂它眼睛。

六

金龟负重太伤心，大圣神针贵千金。
如来佛指掌百怪，瑶池仙水显神灵。

广南滴水村，一个美丽的传说

王正良

幽谷深处
潺潺流水间
一处古人遗址

引无数考古学家
慕名而来
她描绘着
祖先开创的文明与和谐
承载着人类的千古奇迹
飘泛在历史长河中
亘古不变的稻香

大阴洞内
溪流的叮咚声
荡漾在幽幽深邃间
谱就一曲曲美妙的乐章
深化石壁
缀成无数钟乳
激起滩滩石田
绽开朵朵石花
向世人展示着
大自然的巧夺天工
这就是
广南的滴水村
她给人们带来
无限的遐想与向往
她将为人们
揭开一层层
不为人知的神秘面纱
她在世人心中
是一个美丽的传说

世界稻谷源何处

夏云华

世界稻谷源何处？九龙神田产仙谷。
金龙洞中有物证，人类米粮广南出。

题滴水山庄联

夏云华

地母宫

采石补天清宇宙
撒肉造人创世间

辟开混沌分天地
引领慈航化文明

无边大爱，大爱世界斯民
慈航普度，普度天下苍生

龙宫虎穴

神龙卧宫万年未醒
猛虎盘山千秋待冲

关公像

忠义仁勇千秋楷模
诚信礼智万代宗师

忠君忠民忠天地，东进西退保刘备
赤脸赤心赤兔马，南征北战建蜀国

金龙洞奇观

夏云华

一

万年枯骨现洞天，改写历史老纪元。
人类文明源何起，句町祖先在史前。

二

缫丝织布有机杼，猎兽作战弓矢箭。
青铜工具改天地，种植谷物世界先。

坝美滴水村大阴洞

黄子胜

毓秀钟灵滴水村，大阴洞里景迷人。
龙宫探宝珠花异，地府览奇璞玉珍。
鬼斧神工石透镂，玄天幻境瀑轻喷。
桃源坝美添奇景，古迹新观造化深。

赞莲湖

杭忠心

明镜镶嵌莲城中，万千景物一水容。

湖面荷叶撑阳伞，岸上柳丝拂轻风。

莲湖美景

蒙澍

碧波荡漾尽情游，漫步环行戏扁舟。
冬去春归梁上燕，朝来暮往水中鸥。
和风袅袅摇荷影，细雨霏霏洒阙楼。
莲笔代毫叹技浅，难描湖景一园秋。

中秋莲湖赏月

蒙澍

葡萄美酒醉中秋，金桂馨香竹影柔。
隔岸灯排三径路，倚栏客赞满园幽。
昔年东圃频相伴，今夜西廊忆旧游。
莫道莲湖池水浅，赏光胜过大观楼。

雨霖铃·莲湖美景

蒙澍

天清气爽，鸟语花香，漫步寻幽，小桥曲径彷徨。莺燕梳柳，浓雾似霜，待日升，荷映朝阳。听回廊深处，丝竹管弦奏双簧。

醉倚绿阴眠过晌，小舟横泊老树旁。莲笔染出梨影梅魂，蝉琴蛙鼓伴唱，湖波荡开剑胆愁肠。缥缈神界，俏嫦娥应悔奔蟾乡。眼前景，不是春光，却胜似春光。

莲湖美

曾昭富

自从盘古天地开，人居桑梓五万载。
千年古城风光好，万民齐把莲湖赞。

天公作美巧安排，莲池玉牛戏水来。
古阜承恩变莲湖，锦上添花显风采。

万米碧波助浪翻，水中得月映三潭。
湖心高楼率五亭，雕梁画栋衬石栏。

日出东方昊天暖，西岸水榭伴柯馆。
北邻嘉庆都天阁，曲桥罗汉卧南端。

莲湖大道平又宽，青竹垂柳岸上栽。
绿地百花齐争艳，花香鸟语凤凰来。

胜境四季春常在，郡人欣喜乐开怀。
弦子芦笙歌盛世，壮锦绣出新广南。

朝霞夕阳人不断，八方游客信步来。
日丽荡舟赏荷莲，夜静揽月倚楼台。

莲湖美景颂不完，装点名城多壮观。
群星跟着太阳走，再创辉煌勇登攀。

锦绣莲湖千灯汇

曾昭富

虎年雄风硕果累，兔岁呈祥迎春归。
锦绣莲湖千灯汇，元宵歌舞乐升平。

赞莲湖

陆树海

迎泽福地润甘甜，湖中荷花树满园。
古楼凉亭休闲地，老老少少笑开颜。

莲湖述怀

王正仙

风拂细柳千丝柔，掩映湖中鱼跃楼。
岁月如松催吾老，少年转眼雪盈头。

春夜莲湖

王正仙

春意盎然万物苏，阳光渐暖好舒服。
风平浪静宜人夜，喜赏莲湖看月出。

冬日莲湖见闻

张成尧

楼亭诗画彩灯系，道旁眉鸟竞相啼。
山歌撒响云天外，长廊跳弦舞步齐。

广南莲湖

张成尧

惬逛湖廊沐柳风，明珠璀璨映霞虹。
错叶筛光荷点玉，飞檐投影水浮龙。
雅气恒萦莲郡府，清池幻若贵妃宫。
城央一幅千年画，百代文人留韵踪。

赞莲湖美景

肖定中

一

古城莲湖柳枝牵，引来宾朋万万千。
四季香风春常在，欢歌载舞聚和谐。

二

锦绣莲湖翰墨香，恰似墨池摆中央。
南立一支大文笔，谱写古城新篇章。

莲湖孟春夜景

王秀刚

灯光辉煌映天宇，湖水清清荡涟漪。
春风徐来游人爽，堤岸柳枝点头戏。
壮家勒冒成群聚，侬人勒少更美丽。
林荫树下寻歌伴，传承文化好风气。

赏莲湖樱花

夏云华

樱花红火映苍穹，倒影莲湖秀丽容。
爱抚春风姿态美，游人拍照树丛中。

咏新荷

夏云华

新荷点点冒湖中，锦鲤条条衬叶红。
翠柳拂枝常戏水，游人岸上乐无穷。

莲湖逸事

黄子胜

星耀莲塘鉴古今，千年逸事郡人明。
壮乡喜送西洋月，故地新风万里晴。

（注：西洋，西洋江简称）

莲湖夏夜

黄子胜

一池莲藕半池花，万点流萤映柳纱。
亭内琴声轻荡起，微风过处现鸣蛙。

题莲湖对联

佚名

莲拥白云云现彩
湖映宝月月生辉

莲峰倒影增亭秀
湖水澄清映月华

朝阳出岫，满地红光舒壮景
晚照入帏，一湖明月映月华

风习习，一湖翡翠一湖绿
莲田田，满目珠玑满目春

一袭碧纱，莲花灼灼终含笑
两渡亭楼，湖水漪漪始展眉

徐步上楼台，览阁楼奇，休叫心系楼台外
回首望莲花，云蒸霞蔚，莫望身在莲花中

莲花着烟，妙染出梨影梅魂，花姿柳态
湖波漾月，喜荡并诗怀酒量，钊胆琴心

莲城镶明珠，曲桥通幽，临楼对品三更月
湖波沾惠泽，紫阁凝瑞，倚栏唯醉半亭风

漫品底圩香茗，琴棋书画情增趣
畅饮那榔美酒，左史庄骚任漫品

题莲湖

蒙澍

镶嵌古城中，毗连上司衙署，湖水秋深涵月影
傍街新苑内，依旧岸柳池花，游人夜半放歌声

题莲湖

曾昭富

古承恩悠然胜景情系黎民
今莲湖锦上添花凝聚人心

神州升平大地回春艳阳天
桑梓振兴莲郡明珠映日月

题莲湖

夏云华

花鸟楼阁，东西南北皆锦绣
诗联歌赋，春夏秋冬展画图

句町立国都，六百一十三年，辉煌华夏，标榜青史
广南建府城，五纪三旬一春，文明滇省，翘楚边陲

唢呐调调龙虎啸
竹笛声声凤凰鸣

山歌道出风韵事
琴笙奏就阳春雪

湖畔歌声惊大地
城中花炮响晴雷

元宵节

蒙澍

月浴红梅点绛唇，上元灯展瀲霄明。
彩虹点缀常春苑，礼炮声惊不夜城。
车水马龙歌盛世，民安国泰颂清平。
品茗休道沧桑事，喜看今朝丽日升。

元宵莲城夜

黄永昌

新春十五夜灯笼，火树银花胜彩虹。
狮子高跷歌盛世，元宵舞队耍金龙。

元 宵

夏云华

正月十五闹元宵，全县黎民涌如潮。
舞龙耍狮庆升平，张灯结彩照人寰。
侬沙同跳手巾舞，彝民纵弦频弯腰。
苗族笙歌滚尘埃，瑶汉骑马护路桥。
汉人对歌话风流，各族盼望春来早。
元宵又称过完年，此后繁忙争夕朝。

莲湖闹元宵

李凤道

欢天喜地庆元宵，五彩多姿服饰娇。
湖畔对歌添趣韵，壮家儿女领风骚。

莲城元宵

严光福

元宵灯火通宵红，欢乐之夜情更浓。
男女狂欢跳弦子，爆竹声中耍金龙。

题侬氏土司衙署

蒙澍

原是土司居，看，狮镇朱门，犬守眷院，除却达官显贵，更有何人游禁地？

尚留旧宅在，喜，歌咏凤楼，舞起场轩，集纳顽童稚女，聆听先生话前朝。

重新，问当初枭雄谁是？曾宝月踞险，科岩扬威，复整乾坤成往事。

依旧，叹风流人物何地，唯春松不老，翠柏常芳，笑展丰姿谱新章。

题广南一中

曾昭富

古句町，万山鼻祖九龙汇
今广南，千年郡县百业兴

句町文象之水育大众
桑梓万山鼻祖韵春秋

至圣先师，儒家大成万世景仰
恢宏孔庙，书香正道一中传承

十年种树青山不墨千秋画
百载育人流水无声万代传

今学子万众尊言犹在耳
古先贤三人行必有我师

题广南一中

李凤道

博古通今，人杰地灵出文武
今朝扩建，高雅门庭展精华

呕心沥血育桃李
废寝忘食启后人

题广南一中

陆锦泰

教书教人教真实本领，师者应表率万人
为国为民为社稷儿孙，学子须践行千秋

题孔庙

夏云华

孔庙万代钟灵秀
学府千载乐育人

大成殿里站孔圣
泮月池畔育后孙

万代宗师，洒向人间都是爱
千年学府，育出桃李满庭芳

尊儒学，创文明，句町处处显大雅
敬孔丘，倡仁爱，广南常常出名人

仁义礼智信，遗风华夏传世界
忠诚英勇让，造化广南训后孙

圣人圣教，训化边疆蛮夷识大智
儒风儒学，引航句町儿女走四方

传孔圣仁智，教良才扶摇直上
承宗师遗风，育学子追月高飞

儒风传万代
正教耀千秋

宗师万代兴大雅
学府千载乐育人

题孔庙

蒙澍

呕心沥血，抚育桃李，堪称万世师表
殚精竭智，培植栋梁，誉赏千秋圣人

题孔庙

郭仕良

天地德礼仁为尚

古今道义孝悌崇

题孔庙

陆德光

句町孔庙，百年育人桃李精英誉满天下

莲郡学府，千载尊儒紫气东来声振南疆

题孔庙

杨聪

文庙腾飞万丈光芒连九曲

天道酬勤再现辉煌王者风

题广南一中

陆树海

学子风采志存百代

孔圣思想永传千秋

题广南一中

黄永昌

星影云山如图画

月牙池水自然春

前贤创业风光照千代慧智
先圣大成弟子乘巨龙腾飞

赞文庙与广南一中

吴古鹤

南街文庙广一中，棂星门内育鲲鹏。
科技兴邦昌国运，人才辈出建勋功。

广南一中

季正翔

几度春秋金桂花，不计风雨育才华。
月牙塘边谈国事，跃马挥戈报国家。

九月二十八日祭孔子

夏云华

辛丑深秋祭孔子，文人云集风蔚起。
德善送来石雕像，众企捐出尊孔资。
党政官员作指导，教育名人致祭词。
万代宗师创圣教，全球后孙有良师。

（注：德善，即孔德善，孔子第 77 代孙。此次祭孔，由他赠送孔子石雕站像一尊，置于孔庙大成殿内。众企，一些企业老板，当场捐资数十万元，用于完善孔庙设备配置。）

孔子颂

夏云华

千古宗师名孔丘，儒学光辉照全球。
人初性善脑空白，注入儒道后天忧。
伦理道德源何起，孔子教喻起神州。
和平思想作铺垫，圣教学说耀五洲。

壬寅年祭孔

夏云华

孔子辰诞九二八，儒学思想耀中华。
各族人民同奠祭，先生之道治国家。

护国寺

夏云华

五声钟磬催人醒，三响木鱼勤念佛。
敬佛信教千年顺，结德读书万代兴。
碧桃岁结三千子，紫云长护九如松。

仲平黄泉笑乡音

曾昭富

狂飙诗星柯仲平，大众文艺开创人。
句町故地建柯馆，资治教化史垂青。

丰年盛世大地春，岁首共祝柯夫人。
延年益寿红颜在，仲平黄泉笑乡音。

柯仲平纪念馆览胜

李宗城

柯馆建在公园边，阁台蔚起念先贤。
湖心亭畔丹心照，昊天阁前天地宽。
花繁松青鱼龙跃，柯馆亭下碧涟涟。
肃立圣地心潮涌，狂飙诗人史无前。

颂柯仲平

蒙澍

木可成舟四海游，人中俊士誉神州。
平生已逢凌云志，岁月峥嵘青史留。

缅怀柯老

王汶石

南方有烈火，落地成狂飙。
上海大起义，狂歌震云霄。
铁窗苦夜寒，丹心炽欲烧。
东土寄孤影，奋斗志愈高。
延滨复长啸，歌吟满山坳。
高举大众旗，诗意归农劳。
向晚造牵累，鸿篇遇阻挠。

千载留诗恨，英雄泪横抛。

赞狂飙诗人柯仲平

李开慧

辗转求得主义真，犊牛“五四”亮精神。
延安执教窑堂应，战地吟诗天下闻。
十载蒙冤迁烈墓，三阳昭雪慰忠魂。
思君艺苑狂飙起，一代文风励后人。

怀念“狂飙诗人”柯仲平

曾昭富

桑梓儿女话莲城，紫气东来浩气存。
斗转星移千万载，继往开来有传人。

盛世国泰民安宁，沧海桑田岁岁新。
今逢仲平百年诞，各界纪念表思情。

歌海诗乡熏陶人，育出诗星柯仲平。
胸怀大志奔四海，求学东渡日本行。

为寻真理到北平，大钊鲁迅把路引。
南天烈火烧得旺，狂飙迸发怒吼声。

歌坛传播马列音，白区三次进牢门。
红区马背谱篇章，战地诗歌乱敌阵。

主席盛赞柯仲平，诗词具有大众性。
明示报刊登佳作，延安家宴把柯请。

推翻“三山”进北京，开国请上天安门。
出访苏俄与东欧，国际交流结友情。

年逾花甲正苦耕，身陷逆境做冤魂。
三中全会拨迷雾，平反昭雪玉宇清。

历史无情还公正，仲平有知遂安暝。
名城腹地建柯馆，资治教化育后生。

神州正值万象新，歌手诗人快耕耘。
学习柯老火热劲，气壮山河唱不停。

广南铜鼓广场

黄子胜

巨型铜鼓铸丘头，秀美风光一眼收。
烈士陵园东守望，桃源酒店南宜休。
北居政府楼雄伟，南跑动车速越优。
林木欣欣花鸟市，莲城士子爱其幽。

广南礼赞·铜鼓广场

夏云华

一

东边陵园埋忠骨，南面高铁转中枢。

西翥桃源迎旅客，北筑县府绘蓝图。

二

春到百花争艳丽，夏临绿树翠欲滴。
秋风明月人同赏，冬少严寒万物熙。

三

严家垮里建新场，国宝遗珍置中央。
官林翠柏护衙府，风情台上舞霓裳。

皇姑哀叹

蒙澍

一

金枝玉叶拥珠华，龙室罹难辞帝家。
渭水风高浊浪涌，夷山云暗文阳斜。
皇图已陷悲回首，幼女流离似野花。
质本洁来还净去，一丝香魄葬天涯。

二

将帅相残起祸殃，流离颠沛避蛮荒。
革农意重当回报，悲泪化霖润壮乡。

皇姑怨

蒙澍

昔日繁华今不存，异乡愁雾掩茔门。

九秋天地归残梦，万里云山供幼魂。
玉树悲歌还未起，龙宫凤殿帝神昏。
物非人换家何在，水远山长涕祖陵。

皇姑烈

蒙澍

山崩地陷辞皇家，烈女宁堪玉染霞。
嗟叹今生沉孽海，孤魂野鬼任天涯。

接皇姑

夏云华

一

革农村寨有夷俗，四月初寅接皇姑。
国破家亡帝逃命，皇姑立志不为奴。
随兄辗转特磨道，病饿交加卧歧途。
玉陨呜呼分水岭，草率移葬马蹄芜。
马蹄荒野群狼吼，革农村民不忍睹。
棺殓移葬寨南头，了却夷众怜惜夙。
革农历年多灾难，火焚瘟疫经常出。
皇姑葬后世太平，丰衣足食灾难除。
众认皇姑灵魂佑，皇姑忌日祭成俗。

二

先修坟墓后建庙，坟前三尺庙后墙。
坟上苦楝十二树，庙中蔷薇同芬芳。

中堂神龛坐安化，一双侍女站两旁。
年久失修庙破烂，墓庙咫尺布局囊。
21世纪创名县，拆除旧庙建新房。
庙墓分离祠旁立，造就古城一境光。
引来八方信徒客，各族男女同敬香。

三

清初兴祭皇姑起，祭民仅有侬沙彝。
祭奠英灵兼求雨，每求必得甘霖浴。
信众扩展城乡里，老幼相扶自成序。
四月初寅扎花轿，一双美女以肩舆。
锣鼓唢呐前开道，赶猪挑鸡紧跟移。
祭品什色荤素菜，耋耄壮老备祭词。
朝由革农赴马蹄，盛装男子举祭旗。
歌声嘹亮田野里，花轿抬至井边息。
跳唱呼喊皇姑魂，待得形魂进轿时。
确认皇姑已坐稳，垂帘轻起返程急。
百尺素绢作纤桥，众护花轿奔庙区。
铺桥焚香念祭咒，进庙跪拜停轿椅。
安顿灵魂符泥身，昼夜歌舞二时日。

皇姑367周岁记

黄子胜

烽烟散去四百年，朝代更迭几度延。
侬拜皇姑昌道义，礼隆盛世众开颜。

谒安化郡主墓

胡广胜

一

千里逃亡到边域，风寒还把玉骨欺。
幸得民医施妙手，方有壮乡姐妹谊。

二

悲戚皇兄崩春城，马蹄井旁殒玉身。
邑人感念皇姑泽，地生皮哨十二根。

三

年年四月秉香烛，莲郡花轿接皇姑。
或蛾或蝶入轿内，万民叩首苍天哭。

森林公园

胡廷和

桥曲草青树木鲜，花红柳绿争相艳。
林间雀跃斑鸠叫，森林公园别有天。

体育公园拾趣

陆廷升

小桥流水润心田，鸟语花香景色鲜。
曲径亭阁添异彩，句町莲城更清妍。

赞体育公园

陆树海

生态文明迈小康，森林公园换新装。
雕栏玉砌增新景，一派和谐纳瑞祥。

体育公园

夏云华

高树擎蓝天，蛮竹护道边。
芙蓉浮绿水，锦鲤游其间。
亭榭相辉映，水楼倒映悬。
虹桥连两苑，碧树遮阳焰。
戏台大众舞，幼教话语喧。
竞场多赛事，高厦乐神仙。

广南森林公园升级拾趣

黄子胜

一

独自徜徉此苑间，新增丽景秀城颜。
亭阁曲径山石趣，入眼林荫待客前。

二

公园改善巧规划，实惠市民理应夸。
因地堆山汲水势，亭阁绮道美无涯。

登昊天阁感怀

蒙启相

玉皇阁里玉皇愁，人去楼空岁月悠。
神案冷清香火断，院庭荒废草林秋。
当年过左毁皇庙，今日纠偏修帝楼。
古郡城乡惊巨变，小康社会乐无忧。

中秋登玉皇阁宴宾

蒙启相

一

阁耸东郊俯故城，晨昏风送梵铃声。
雕梁画栋栽云立，叠翠莲山映水滨。
鸟瞰双桥如虎卧，豁眸千岭似龙行。
华灯初上人潮涌，赏月开樽宴贵宾。

二

登上琼阁四望通，天清日丽古今同。
青山环立呈莲瓣，雁塔冲霄指苍穹。
园映西天佛祖殿，景夺南海水晶宫。
明珠绚美迎朝世，天上人间焰火红。

题昊天阁

夏云华

昊阁重檐，玉帝坐镇，观音俯瞰，莲峰翠叠，句町古城美如画。

玄妙深藏，护国指挥，边纵举义，广南解放，莲城名都耀辉煌。

游冷水泉

蒙澍

泉眼粼粼泛彩光，炎天犹感玉肌凉。
靓妃浮浴如红鲤，俊哥潜游似鳝王。
串串珍珠涌水面，双双白鹭立滩旁。
山青景美福缘地，曲径通幽赞壮乡。

珍珠泉夜景

夏云华

气泡如同珍珠串，清泉却似明镜缘。
白条映潭玉兔里，佳人夜观桫椤前。

（白条：潭里有白条鱼游）

游广南文笔塔

蒙澍

嫩寒惊梦喜初晴，客悦春风步履轻。
霞照莲山花吐艳，雾笼雁塔树拂云。
三台叠翠风声静，百岭葳蕤鸟韵清。
夕暮遥瞻天上月，千秋做伴共生情。

谒广南文笔塔

胡广胜

一

九龙伏游聚三台，莲郡文笔向天开。
万山朝拱万山翠，千峰竞秀千峰来。

二

广南盛景莲湖栽，地母有灵香自来。
桃源洞天藏坝美，福地铜鼓鸣万代。

三

三台坡顶起雁塔，吉星高照聚龙沙。
莲郡从此添胜境，边城代代颖贤达。

四

雁塔耸三台，魁星点斗来。
万山皆朝拱，巨笔向天开。
莲郡得隆昌，代代显英才。
丰功垂青史，太守依地栽。

五

九龙伏游会三台，莲郡文笔向天开。
万山朝拱聚灵犀，八方祥云献墨来。

题文笔塔

黄子胜

迤南峻岭最高塔，备受莲城士子夸。
独伴古松涛阵阵，千秋朝暮锁烟霞。

题文笔塔对联

夏云华

雁塔身影神似笔
广郡山势形如莲

题宝月雄关

蒙澍

山势嵯峨锁郡门，雄关险峻谷幽深。
千秋战火今虽散，乐业思危励后人。

观六郎城有感

黄永昌

雄关独特六郎城，青山环抱景色新。
当年鏖战断墙垣，留下原址作鉴证。
民间古韵风姿美，重修完善迎游人。
为了教育后世代，历史非物永长存。

六郎古城

陆树海

一

六月初三祭六郎，安边血溅古战场。
古堡围石今犹在，见证当年史辉煌。

二

悠悠历史上千年，古堡石围尚俱全。
六郎城里风光美，引来游客赋诗篇。

三

千年烽烟刀光杀，万里山河血染沙。
古今多少江山梦，几人幻得帝王家。

赞六郎城

李凤道

天险雄关锁寨门，战地壕堡垒围城。
依杨烽烟笼古寨，遗迹今朝意义深。

六郎城畅想

黄子胜

千年古堡六郎城，历史烽烟启后坤。
文化传承兴产业，党恩永惠壮家人。

题六郎城

吴古鹤

林荫葱郁六郎城，村庄地貌似大盆。
离子空气天然景，延年益寿享天伦。

六郎城采风

王正仙

一路行经宝月关，上山道路十八弯。
文联布置采风会，古堡千年有大观。

城堡古遗址

王正仙

村庄环抱众青山，争战当年营地安。
城堡山头遗旧址，如今劈路让人观。

六月初三日祭侬智高

夏云华

千年古堡今犹在，不见智高乘马来。
鏖战英雄归隐去，遗留浩气照人寰。

游六郎城

岑立权

虎踞雄关镇句町，三征宝月播芳名。
六郎城外千峰秀，独傲苍穹万里春。

六郎城印象

李开慧

一

估算瓦层四十家，文峰武地孕奇葩。
称城未见读书处，进士登科匾证夸。

二

蓝裳牛帽正芳华，敬客石斛泡酒茶。
风水人情心眼醉，仙妆勒少面流霞。

题六郎城对联

夏云华

千年堡垒今犹在
万树石斛岭上生

满目青山望天笑
一溪清水向东流

天开美景艳阳照

地放生机百花繁

古寨呈异彩，城墙碉堡鉴宋史
新村放光芒，石斛村旅富当今

离子雾气润百草
古树枝桠长石斛

古堡见证战争史
美景招来世人游

山花烂漫秋光好
古树挺拔胜景佳

四合院里歌声美
椭圆塘中浒草鲜

清溪蜿蜒浇石地
雄峰叠翠护六郎

茂林修竹荫村寨
雄峰石径上六郎

铁栗傲霜梁岗上
石斛浸雾树丛中

满山石斛招宾客

一道残垣鉴古今

六郎城中藏仙草
特磨道上兴旅游

新兴旅业创财富
古代战况留遗篇

倒挂石斛花艳丽
直长黄连树高雄

六郎城头石斛艳
宝月关上椿芽鲜

壮乡世外桃花源——坝美

曾昭富 夏云华

国家3A级景区——“世外桃源”坝美，位于广南县东北部坝美镇中部，距县城约40千米。景区内山、水、暗流溶洞、珍奇动植物、田园风光、河谷风光等融为一体，旅游爱好者可来休闲、探险、科学考察，体验农家乐、民族风情、越野、漂流等。从汤那村或出水洞村进出“世外桃源”坝美村，均需穿过幽长的水洞，方能见到掩映在古榕翠竹间的壮家村寨，蜿蜒的小河旁阡陌交错的稻田，鸡犬相闻，水车悠转，好一幅“世外桃源”风光！

坝美村民为壮族沙支系。千百年来，村民们世世代代在这块土地上辛勤耕耘，生息繁衍，过着男耕女织、与世无争的悠闲生活，相互间和睦相处，没有争斗，没有尔虞我诈，自给自足，鸡犬之声相闻，老幼怡然自得，守候着这片“无论魏晋”的心灵净土。

这里有观音望月、雄狮护宝、王子山、陶公遗梦化身桃源洞、驮娘江源头“情侣树”“长寿树”“男女河”泳、“八峰画屏”、春雷“岩血”等美丽传说，这些传说寄托了坝美村民向往自由恋爱、尊老爱幼、忠贞爱情、战胜困难、和谐自然、尚守质朴的美好愿望。

坝美景区因地理环境、游览线路、农耕文化等方面与陶渊明笔下的《桃花源记》描绘的寓境相似之处高达70多处，被国内外游客誉为“中国最后的世外桃源”。

贞节石牌坊

夏云华 曾昭富

牌坊对研究明清时代的政治、经济、文化及建筑艺术形成和发

壮族对歌场上的“弄娅歪”爬高台

敲响牛皮鼓

展，甚至民居民俗都有极其重要价值。牌坊是历代统治者都很重视的精神建设，是封建社会的一种荣誉象征，用来标榜功德，宣扬封建礼教。通常为了表彰在忠、孝、节、义等方面功勋显赫的官员，以及为朝廷和社会做出杰出贡献，寡妇守节、培养后嗣的人而立的牌坊。

中国封建社会对妇女有三从四德的规范要求：三从，即未嫁从父，既嫁从夫，夫死从子；四德即妇德、妇言、妇容、妇功。对违反三从四德的妇女，社会予以很大的舆论压力，严重的还会惹来杀身之祸。而对严格遵守三从四德的妇女，社会夸赞，官府褒奖，对贤妻良母和对社会做出贡献的妇女还为其立贞节牌坊。

广南的贞节牌坊有两座，一座位于县城小东门，已毁。现存的一座位于广南县城西街中段街心，始建于民国八年（1919 年），为旌表廖挹珊女士而建。青石质，穿梁式仿木结构建筑，单开间，高 6 米，宽 5 米，左右须弥座墩前后皆有伏卧石狮各一对。顶部为仿古屋面，四角上翘，正脊透雕花草，两端吻兽。左右坊柱楹联：“里标孝德节操，似翠柏苍松；台荣怀清真义，同冰雷铁石。”匾额下雕刻“双龙戏珠”，其他皆刻鸟兽、人物、花卉等图案，整个石雕建筑造型美观，雕刻技术精湛，是反映西南民族地区古朴民风的重要代表性建筑，也为广南牌坊文化的研究提供了难得的实物史料，具有较高历史价值、科学价值和艺术价值。1985 年 9 月，广南县人民政府将其列入县级重点文物保护单位。

廖挹珊，广南县城人，幼读经史，饱学多才。成年与方秉礼结婚，三年后夫死。廖挹珊把全部精力倾注于培养地方学子，最初专授女徒，是云南省最早招收女学生的县之一。光绪三十二年（1906 年）广南县城女子小学成立，将廖挹珊的女子私塾并入该校，廖挹珊应聘入校执教至终年。民国初年，广南率先晋省城升学的张华粹，相继的何秀莲、侬瑟若、刁红渠等先进女性拜入其门下。由于教学有方，廖挹珊深得师生和社会的尊重，交口称誉。廖挹珊亡故后，县劝学所、教育会、高等小学、初等小学、女子小学共同为之建牌坊纪念，以示崇敬。

坝美榕树王——竜树

夏云华

泛舟前行，穿过幽暗的溶洞，豁然开朗在眼前的是远离尘世喧扰的"世外桃源"——坝美村。坝美景区出水洞左侧约 800 米处屹立着一棵千年古榕树，它仿佛无声地诉说着历史，见证着最后的世外桃源的宁静。

这棵大榕树，相传已有 1000 多年的历史。清乾隆年间建村时就把这棵树当竜树（又称龙树）祭祀至今。在竜树下，人们不得随意大小便，不得乱丢垃圾污物，更不能砍伐，就连树自身干枯掉下来的丫枝也没有人敢捡去烧火。它被视为神树，是保护村里五谷丰登、六畜兴旺、人民安康的保护神，若得罪了它，便会招来不顺。该树成圆形伞状，主树干胸围处直径 2 米余，树冠覆盖面积达 2 亩多，从 2 米余高处分杈，分出的杈枝横生，常年郁郁葱葱，夏天可同时容纳 800 余人乘凉。暴露在地面的根系发达，粗细相间，最粗的根直径约 80 厘米，延伸 10 余米后再插入地下。景区游客都把它当神物，要在树根上坐一坐，摸一摸，意在沾一些灵气。青年男女初恋时总要到树荫下对歌，希望竜树神保佑恋人成双成对，白头偕老。有道是：

葳蕤大榕蔽骄阳，树荫下面站伢娘。
人美歌好招勒冒，成就情人一双双。

河道壮族村庄

壮族民居

九子之乡——坝美镇

曾昭富

坝美地名，出自壮语：坝——口，美——树，意为居住在河口、洞口、绿树成荫之地而故名。

坝美镇地处云南省广南县境北部，与广西壮族自治区西林县毗邻，所辖面积 837 平方千米，古代的广南先辈们以地理方位将其称为“北路”。

壮族聚居的北路水乡，自然环境优美，物产丰富，自然与人文景观较多，国家 4A 级世外桃源就在其境。在其悠久的历史中产生了许多传奇文化，“九子之乡”就是其中之一。

阿科的谷子。以阿科村为代表的北路一带盛产稻谷很多，也是壮族人民以“那”（稻田）农耕生产，及以稻米为主食习俗的体现。

西松的橘子。在西松河畔山清水秀的壮族村庄——西松村，旧时家家户户种有橘子，并以形色美、个大、口感好而著称。随着时代的发展、科学技术的进步和市场需求量的大增，1980 年后，坝美镇堂上农场大规模种植橘子，三年后以年均数百万公斤的优质橘子供应广南和省内外市场，成为云南省主要橘子生产基地之一而取代了西松村。

青石的骡子。青石村地处海拔 1350 米的高寒山区，常年多雾，空气湿润，适宜牧草生长。这里以山区牧草茂盛的自然条件，马和驴交配生骡子的繁殖饲养经验和悠久的历史，且以繁殖量多、体形大而著称，是供给广南及周边县商品骡的重要繁殖基地，也是青石农民经济收入的重要来源之一。

那洞的竹子。那洞村旧时是个地广人稀的半山区，土质肥沃，在海拔 940 米的气候条件下，适宜竹子生长，有自然竹林千余亩，且种类较多，是县内加工制作竹器生产的重要原料基地。

者卡的草纸。距治所（阿科村）西南 6 千米的壮族大村寨——者卡村，是广南以竹子为原料的古老造纸业的重要生产基地，许多农户都有造纸作坊。1978 年前，广南县民间祭祀用纸、卫生用纸多来自者卡生产的产品，也是者卡农民经济收入的来源之一。1978 年改革开放后，随着机制造纸业的不断兴起，者卡土法生产的草纸由于颇费工时，成本高，受打工经济影响，产量逐渐减少。

卡洒的白棉纸。普南行政村的卡洒自然村，曾以古老工艺用构皮树的皮做原料生产白棉纸，是广南县境内生产白棉纸的五个村寨之一，其产品为广南清代至民国年间学生作业的部分用纸和民间祭祀用纸、卫生用纸、契约用纸。1953 年后由于大量毁林开荒，构皮树大量减少，原料紧缺而停产。壮语：卡——地方，洒——纸，卡洒因位居造过纸的地方得名。

革乍的蚊子。革乍村地处河谷地带，因旧时许多农户人畜未分居，环境卫生较差，传染性极强的疟蚊繁殖生长很快，许多农民被疟蚊叮咬后得了疟疾病（又称打摆子），严重影响身体健康。新中国成立后开展爱国卫生运动，人畜分居，改善环境卫生，建立卫生医疗机构进行防病治病，昔日的疟疾病已消灭。

者岭的油茶籽。1950 年前，以者岭村为代表，包括今坝美镇者烈村等 10 个壮族村寨，为解决食用油之难而种植了大量的油茶树，历经代代更新、扩种，油茶树种植面积大，其籽产量多，榨出的香油除自食外，大量销往广南市场，是广南民众喜食的油料。

汤纳的伙子。汤纳村自古以来在人口的繁衍上，多数农户总是多生男少生女。导致如此生育状况的原因，相传有两说：一说与土壤、饮水内所含元素有关；二说与该村坐向的山形、“龙脉”走向有关。

仙人托梦 夜种神田

曾昭富

大千世界，无奇不有。驮娘江上游的阿科河在世外桃源中穿行。第一个溶洞入口处，有一个古老的壮族村落——汤纳。壮语：汤——尾，那——稻田，因居住田坝尾而得名。

汤纳，是壮族习俗中典型的“无水不住，无山不稳，无树不安，无田不居，宁居山坡，不占良田”，保持与自然和谐相处的村庄。村前良田数百亩，河流穿坝而过，水旱无忧。同时种棉、纺纱、织布，衣物自制，在漫长的农耕时代，村民们过着自给自足生活。

这里流传着一个神奇的故事：

相传，三百年前的一个初秋，该村与邻村的数百亩良田同时发生了一次严重的虫灾。此虫有白色分泌物，能吐丝将稻叶卷折或缀合成苞，白天躲藏其中，夜晚外出取食稻叶。黏结的苞，影响水稻抽穗，此灾导致当年减收过半。

壮民族是个讲礼仪、重诚信的民族。在汤纳村美丽的田园中，有一丘四四方方的四方田，该村老人们常以此田比喻教育子孙：做人要像这块田方方正正，不要歪三斜四。以此启迪人们为人做事需要走正道，不要误入歧途。

可是，在这坝田出现虫灾后，到四方田进行春耕、夏锄、秋收、冬翻的村民，在田中劳作时一切正常，但走出四方田往家回走时，多人顿感迷惑，总是昏昏沉沉地在四方田周边打转，直到有人叫喊或听到其他声响时才会清醒走出四方田。

面对这突然出现的虫害和四方田的迷魂阵，村民们迷惑不解，十分焦急。次年初春的一天晚上，村里一位寨老做了个梦，梦见一位白胡须老人，腾云驾雾来到面前，对他说：“你们这坝田中央有一块

壮族吊脚楼

牡露风雨桥

四四方方的田是神田，在左侧山脚有一棵千年大榕树，它就是这里的原始神灵，多年来你们没有祭祀它，致使这坝田没有收成。”仙人说后飘然而去。

这位老人把神仙托梦之事向村民们讲后，大家都表示按仙人指点的办法，请麽公择定每年农历四月初五日，杀鸡宰鸭，到大榕树下祭拜神灵，并挑选村里的勒少勒冒（壮语：少男少女）去种神田。

被挑选种神田的勒少勒冒们兴高采烈，在祭祀下田之前沐浴更衣。吃过晚饭，夜幕降临后，家家户户背着香纸、花糯米、千层粑，在寨老带领下，打着灯笼、火把，到大榕树下点灯焚香求拜，祭祀神灵。

参与祭祀的少男少女随寨老跪拜许愿，在神田中不能讲话、嬉戏、打瞌睡，要一鼓作气在天亮前把秧栽完。许愿后步入神田栽秧。

走出神田返家时，不能走来时之路，要绕道回家。

完成夜种神田后，本村的其他农田才能开秧门插秧。

四千岁稻谷惊现广南

曾昭富

位于云贵高原向东南沿海倾斜的滇、桂、黔三省（区）交界之地的云南省广南县，有 7810 平方千米大地，92 万人口，历史悠久。位于广南县境北部的九龙山南是古文象水（今西洋江）的发源地，北是驮娘江的发源地，亦为珠江发源地之一。

四千年前，石器时代的繁衍生息中，古人类在广南赖以生存的食物结构是什么？让我漫笔道来。

古人言：“民以食为天”。华夏南方人群种植的食物结构多以水稻为主。广南是古百越族群分支——句町部族聚居的中心腹地，今居住着 40 多万句町部族的后裔——壮族。广南壮族占云南省壮族人口的三分之一，是云南省壮族人口最多的县。

早在四千年前，句町部族的先民们就开始将多年生的野生稻培育为一年生的栽培稻。从此，句町部族农耕稻作，为自身的繁衍生息提供了相对稳定、高产的食物。

到底句町部族在什么年代将野生稻培育为栽培稻呢？多年来，心仪稻作文化的人们为此不断考证、追寻，难以获得明确答案。

说来有趣，2016 年，广南有识之士高斌先生投资一千多万元，在县境内坝美镇者呼壮族村开发滴水山庄。在开发过程中，发现位于该区域的大阴洞是古人类群居之地，出土了新旧石器时代的一些生产、生活工具和古人类的骸骨，同时还发现古人类栽培的稻谷。经化验，这些已经炭化的稻谷产于 3700 多年前。这个发现，以确凿的物证证明了广南壮族先民——句町部族聚居中心腹地之广南，是最早将野生稻培育为栽培稻的地区之一。

壮族注重人与自然和谐，食物结构以大米为主，居住环境多依山傍水，“无水不住，无山不稳，无树不安，无田不居，宁居山坡，不占良田”。大阴洞炭化稻谷的发现，为进一步研究句町部族及其后裔——壮族的历史文化、稻作农耕、食物结构等，起了重要作用。

这一重大发现，让有关专家、学者重新审视广南历史，甚至为改写广南历史提供了新的重要依据。

坝美风光

夏云华

被称为“世外桃源”的坝美村，位于广南县北部，距县城 46 千米。沿西西公路至法利村向左沿河而上约 1 千米，到达出水洞村，也就是坝美出水洞口。坝美是一个壮族村寨。

坝美风光，久闻不如一见。庚辰年孟冬，我们和摄影师钱大勇一行身临其境拍摄历史文化名城广南古今画册坝美图片。当小车驶至法利村转向出水洞村时，出水洞口美不胜收的风光映入眼帘：河水清澈见底，鱼儿在水中成群结队上下游动，壮家渔童在河中撒网捕鱼，一网接一网奔跑不停，妇女们在河边洗衣服，漂洗壮家自织自染的土布，有的还边洗边唱壮家山歌情调，歌声伴着河水潺潺的响声，声声飘荡山间，洋溢着壮家风情。河两岸藤青柳绿，古树、竹林环绕村寨，山峰耸峙映入水中。出水洞口，石崖高大雄伟，站在洞口仰望崖峰，如插青天壁立，让你帽落脖酸；洞口青藤缠古树，花草药材葱绿成荫，群鸟会巢，鸟语花香。夏天有数万只燕子在洞口洞内飞翔筑巢繁殖，燕群出进热闹非常。几座雄伟、肃穆的喀斯特山把出水洞村与坝美村隔离开，至此，好似到“山重水复疑无路”的境地。这时，早就在洞口等候着我们的向导——八达乡干部侬忠海，对我们说：出水洞连通着两个村寨。向导让我们乘坐已准备好的壮家自做的小船（猪槽船）进入出水洞。洞内宽敞幽静，洞宽 8 ～ 10 米，高 30 余米，水深处 10 余米，浅处也有 4 ～ 5 米。水清波绿如碧玉，波平如镜，两边岩溶多姿绮丽，层层叠叠，峰岩奇特各异，层层峭壁映入水中。有的乳峰如擎天长柱，有的如仙女散花，有的如白云腾龙，有的如猛虎下山，有的笔直如塔，卧者如龙、如龟、如象，似雕似刻，巧夺天工。洞内时暗时明，有时黑得伸手不见五指，有时忽见阳光从天洞射入洞内，如银针玉柱，使溶洞生辉。洞中有几处宽敞的水上平台，可供游客歇脚，观赏洞内奇观异景，体验洞中方一日，世间已百年的感受，解除烦恼和忧愁，让你有入仙境梦幻一般，进入了迷离世界。

小船划行 2 千米左右到了坝美洞口。左边有一棵参天的老榕树，历经千百年沧桑，挺拔守卫着坝美村寨门（出水洞口）；右边有几蓬绿郁郁的竹林，竹枝随风摇曳，有如礼仪小姐向游客招手——欢迎你到坝美来！下船眺望，坝美村山清水秀，山外有山、天外有天的“世外桃源”展现在眼前。走进山环水绕、依山傍水，依偎在翠竹绿柳之中的坝美村，只见山奇水秀，座座大山，拔地而起，山峦起伏连绵，

坐牛车观世外桃源

壮族对歌号角

山峰耸峙，苍翠秀美，像把太师椅环抱坝美，如屏如障。南山慈母般地把坝美村抱在怀里；东山是守护坝美村的“巨人武士”，庄严端重；北面，两座大山紧相连，两堵长约千余米、高200余米的悬崖峭壁，像铜墙铁壁把坝美坝子严严实实围住；西面，叠叠青山如仙女下凡，亭亭玉立于坝美河岸，个个婀娜多姿、苗条秀丽、落落大方、端庄矜持。坝美河如玉带环绕坝美坝子，绕坝穿山，水清澈明净，四季碧波，缓缓流淌，天车随着流水长年不停地悠旋喷水灌溉庄稼，群群麻鸭戏水觅食。坝美坝子千亩良田，土质肥沃，气候宜人，冬无严寒，夏无酷暑，四季披绿装，无愧为“世外桃源”桃红柳绿。

壮乡坝美村，房屋多数还保持传统干栏式建筑，积木而居，人住上层，畜禽关楼下。村中有一棵大榕树，枝叶茂盛，盘根错节，它是壮家休息乘凉，青年男女谈情说爱、对歌，相约赠送定情物的好地方。寨中有懒板凳、老人厅，是寨老们集中议事、休闲娱乐活动的好地方。村子里，青年妇女忙于纺纱织布、洗涤漂染赶做过年新衣裤、绣花鞋。不时从村子里传来鸡鸣豚哼和壮家妇女织布的机杼声，男童放牛挥鞭唱牧歌，村姑在田间地角、河边捡猪菜、洗衣物、唱情歌，歌声飘扬回荡，一人唱歌万山和。坝美，美就美在山清水秀，奇就奇在奇山奇水和淳朴的壮乡风情。向导说：春天，坝美田野金黄的油菜花花香四溢，山茶花、杜鹃花、马缨花、迎春花开满山岗，展示出一幅美丽的春色图；夏天，绿郁郁的稻谷扬花喷香诱人，河水如蛟龙穿梭渡过坝美坝子，进入出水洞；秋天，金黄的谷穗如绒毡覆盖坝美田野，斗满谷，仓满粮，家家欢庆丰收尝新米，喜笑盈盈；冬天，外界雪飘霜冻，原野枯黄，坝美仍碧翠葱葱。

坝美壮族人民朴实好客。当我们的拍摄任务完成后，已是下午两点多钟了，向导侬忠海邀请我们到他家吃午饭。我们到他家，女主人和小孩见有客人来，赶忙抬板凳让客人座，沏茶递烟，热情招待。男主人陪我们聊天，女主人和小孩子们熟练地操起家务，烧火做饭，很快地做出壮家特有的美味菜肴，让我们入席用餐。一桌香喷喷的菜肴加上壮家自酿的小锅酒，特别是那腊猪脚煮竹笋片、河水煮活鱼两道菜别有风味。席间，女主人时不时地又给我们夹菜敬酒，有几位壮家姑娘听说县里客人到，也前来唱敬酒歌，祝酒间一首歌毕敬一杯酒，一首又一首，一杯又一杯……

坝美，迷人的风光，热情的壮族人民，感人肺腑的歌声，使我们心旷神怡，流连忘返。

莲湖赋

夏云华

莲湖，像一颗璀璨明珠镶嵌在中国西南边陲，句町国古都莲城的心脏，它东邻侬氏土司衙署和昊天阁，南连古城西正街，西邻方公祠遗址、县民族博物馆、柯仲平纪念馆，北隔公路与都天阁相望。

清嘉庆二十四年（1819 年），曾任嘉庆皇帝老师的广东嘉应州梅县人宋湘出任广南知府。时值广南大旱，耕种无着，城内居民用水奇缺。宋湘以“救民先救困，为政勤为民”之方略，率民疏堰塘、清河道、挖池塘，以解决农耕和饮用水之困难。占地 15 亩的莲湖由此开凿出来，命名“承恩塘”，意在感谢皇恩浩荡，又名“古浮”。承恩塘“蓄水以备缓急，引流以资灌溉”。清道光二十八年（1848 年）和民国二十六年（1937 年），知府李熙龄和滇军广富独立营二连连长王云邦分别两次开挖岜凉沟，由 18 千米外引入清泉。民国二十六年（1937 年）县长李开洪联合驻军修筑由西向东长堤，堤中间建莲湖亭，东西两端分别有石拱桥各一座，堤两旁建水榭。因承恩塘在莲城中心，时值已推翻帝制，由此“承恩塘”改名为“莲湖”。

此时的莲湖，水清澈，亭华丽，榭明亮，正是“莲峰倒影增亭秀，湖水澄清映月华”。湖岸植树，湖内栽菡萏以净水，养锦鲤以供

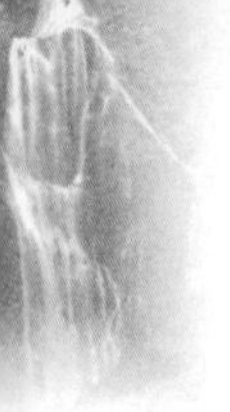

坝美河道风光

人赏。湖水来自岜凉沟，亦有天降水，供县城人畜饮水和灌溉城北部上千亩良田。

1949年新中国成立后，欣逢盛世，人烟繁滋，人口快速增长，湖边很快建盖了住宅楼房，因保护措施不力，莲湖水质被污，人畜再也不能饮用。1995年杨联昌出任广南县长，经过充分调查研究，把改造莲湖当作建设广南的一个突破口，并请了曾昭富等社会名流做顾问，筹资两千余万元，彻底改造莲湖。把1937年建老莲湖亭平行移动到那阜村，撤除原长堤，清除淤泥，顺湖周围修排污水沟。湖内建湖心亭、九曲回桥、凉亭四座、建正大门、览胜大厅、后大门，设百花坛，堤岸植垂柳，园内培百花。沿湖铺环湖青石道路，路外旁植高大乔木。湖水水源天降与由东风水库引进。1999年元宵节莲湖改造竣工开放，当晚有民众数万人自觉庆祝，烟花爆竹通夜响亮，人们载歌载舞，欢呼雀跃。

在杨联昌提出改造莲湖方案后，新任广南县委书记杨世田坚决支持。第一期工程竣工后又有任安、张如黎、杨廷友、马骞林等新任书记、县长承前启后，继续完成其配套工程设施，也有在外地的官员为地方引进资金，支持改造，拆迁原二轻公司总部和县供销社房屋建筑，新建广场戏台，再建水榭数十米。至2018年，莲湖呈现出一派欣欣向荣的景象。三层的湖心阁居中，东南有爱莲亭，正东立后大门，观莲亭正南置对弈亭，正西设前大门。门内，水榭连着莲湖大厅。一阁四亭二门一厅，雕梁画栋，翘檐黄瓦，金碧辉煌，既独立成趣，各有特色，又遥相呼应，成为一个整体雄伟建筑群。后期工程建设有大戏台，坐落在湖心阁正南，台前设能容上万人看戏的青石板面广场，广场东西两边置水榭与戏台浑然一体，雕梁画栋，青瓦覆顶，水榭内置宽木结构坐凳供游人休憩。沿湖公路把整体公园包围成核心，园内又修一条青石板石径，围绕湖水一圈。在湖心阁东南设九曲回桥，桥下可行船，从城西街和正大门设曲径连湖心阁。第一期工程在莲湖大厅后面临水处设置石栏20余米。此后，实施配套工程建设逐年延伸，至2018年堤岸和九曲回桥全部有石栏护湖。雕栏玉砌图案全部按当地生产生活习俗设计，每幅图案代表一件广南典故或一段历史事实，并栩栩如生。此时的莲湖正如蒙澍联："镶嵌古城中，毗连土司衙署，湖水清深涵月影；傍街新苑内，依旧岸柳池花，游人昼夜放歌声。"诗曰："金碧辉煌阁映楼，雕栏玉砌长堤幽。戏台水榭相依存，大道幽径人分流。大厅高耸昭大雅，树木苍天枝叶稠。句町故都莲湖景，人间胜地任客游。"

莲湖水岸全年百花开四季，万木挺长青。春天，"石栏绕曲径，游人擦肩行。碧波掀画卷，翠柳摆绿裙。红鲤吐银珠，初荷点明镜。宵灯浮湖中，歌舞庆升平"。最引人注目的是樱花，有诗曰："樱花火红映苍穹，倒影莲湖荡丽容。春风一拂倩姿美，游人争照树丛中。"夏天，气候炎热，莲湖成了最好的避暑公园。此时的莲湖中荷花盛开，垂柳婆娑，正是：水面荷花红，堤岸柳荫浓。同在蓝天下，共乐莲湖中。在荷花丛中，彩鲤白条，乌龟王八游弋着，顽童们总爱躲在岸边花丛中，偷偷下鱼钩，而贪吃鱼不知人计被快速钓上来。人们既能避暑，又能观赏湖景，哪能不来莲湖？秋天，湖水澄清，湖面像一面雕花明镜，残荷被刻在这块明镜上。石径旁的八月桂繁花似锦，蜜蜂嗡嗡采花，游人仰首欣赏。正是：“八月秋高桂花旺，飘香四溢满园芳。秋水明镜照莲城，白鹭仙鹤高枝藏。”说到八月桂，本地人还会采花瓣，一是酿泡桂花酒，二是蒸糯米饭。冬天，北方千里冰封，美丽的七彩云南也霜天冷露。而广南县城全年有霜期不超过 15 天，莲湖坐落在城低凹处，很少下霜，这里成了红花樱桃、腊梅等冬季开花树的天堂，有诗曰：“隆冬时节繁花浓，满地花瓣点赤红；潇潇细雨滴枝头，洒洒落红飘水中。弱蕾经雨淘汰去，强苞结籽乐无穷；待到山花烂漫时，已是硕果艳苍穹。”人们只认可梅有傲雪精神，是坚强的音符，而生长在莲湖的红花樱桃则在与梅花抗衡。道是：“自古红梅独称霸，冰雪压枝闹繁花。今有樱桃争妍艳，寒冬腊月锦簇佳。梅黄须待梅雨至，樱红只等季风发。傲骨峥峥百花妒，硕果累累同一家。”

若是日丽风和，碧空万里，莲湖的早晨会有一层雾霭像面纱一样笼罩着湖面。上午 10 点钟过后，高天会有飞机吐出长条祥云，岸边的雪松、大叶榕等高大的树上会有喜鹊、仙鹤、白鹭登在枝上。湖心阁南对面的密林中到处挂满鸟笼，画眉不停地鸣唱。水中凡有生命的动物都在游动着，观众以喂鱼为乐，就连乌龟也会趁热闹和彩鲤们共餐，观者无不心旷神怡。

若遇狂风大作，暴雨倾盆。湖里龟鱼迅速躲进荷叶伞下，游人坐在水榭里的宽凳上观赏垂柳舞裙，荷藕翻书，闪电破空，白浪粼波；静听惊雷炸响，雨打荷叶，蛙歌蝉鸣，山歌互答。

带着爽朗心情游莲湖，必然会情趣高涨，游兴倍增，诗兴大发。若精神委靡，心事重重，不自觉走进莲湖，也会豁然开朗，坚强立世，重振威风。

莲湖公园是广南各族人民的文化活动场地，除官方和文化群体组织的集体活动外，常年有人在这里陶情，莲湖公园人兴旺，盛世百姓安乐业，社会和谐好风光。

而莲湖公园大厅，则是收集广南本土文学作品的天堂，诗词赋、楹联、散文都可以拿到这里修改、润色、欣赏。正是："广南城里夜苍茫，莲湖琼楼翰墨香。文人雅士相聚首，诗词歌赋尽优良。"

莲湖历经两百多年历史，题词题联很多。曾任广南县委副书记的杭忠心，一到广南就写诗赞美莲湖："明镜镶嵌莲城中，万千景物一水容。湖面荷叶撑阳伞，岸上柳丝拂轻风。"前人题写的大门联："莲笔着烟，妙染出梨影梅魂，花姿柳态；湖波漾月，喜荡开诗怀酒量，剑胆琴心。"亭阁联："莲拥白云云现彩，湖映宝月月生辉。"今人对莲湖的题诗题联更多，如文山州诗词楹联学会会长李开慧题诗《信步莲湖》："丽影流霞映水央，弦音诱我过石廊；蜓鱼起舞粼波荡，莺燕和诗鸟语香。碧柳温风拂画栋，虹灯彩夜染雕梁；置杯小酒凉亭坐，醉爱名城拢秀墇。"今人联如："山歌道出风流事，琴瑟凑就阳春雪。""湖畔歌声惊大地，城中花炮响晴雷。""花鸟楼阁，东西南北皆锦绣；诗联歌赋，春夏秋冬展画图。"美哉！莲湖。

坝美关秧门

——参加阿科"启动移风易俗助力扶贫攻坚试点工作"有感

夏云华

2018 年 6 月 17 日，岁在戊戌年五月四日，也就是传统节日端午节的头一天。受广南县壮学发展研究会的盛情邀请，广南县诗词楹联学会和广南县老年书画协会负责人一行 4 人乘车到坝美镇镇政府所在地——美丽壮乡阿科参加一年一度的传统关秧门庆典活动。

关秧门，顾名思义，是这一年中，水稻秧栽完毕，从这一天起，当年再不下田栽秧了。清晨，广南壮学发展研究会、县文广体局的小王先生接我们上车，为观赏沿途风光而把车速放得很慢。这天，天空晴朗，但是，雨前的夏天，总有些沉闷。我们顺着西（畴）西（林）国家二级公路前行，公路两旁青山叠翠，雄峰巍峨，再也看不到二十余年前石头裸露、尘土飞扬的景况了。这得力于国家对本地区的自然保护措施，壮乡人民也充分认识到绿水青山就是金山银山的硬道理，也得力于广南县电力事业的发展，居民生活再也不需要砍伐薪柴，普遍使用电器和液化天然气能源为燃料。河谷地段，到处阡陌纵横。在其他地区还在插秧时，这里的秧苗多数已泛出墨绿色，微风吹过，田里像绿锦缎一般翻着波浪，使人心旷神怡。有道：

阿科田野风光好，五月稻谷翻绿浪。
人勤换得春来早，物阜民丰粮财旺。

从分水岭沿河而下，河水清澈见底，一些河段里可见鱼翔浅底，锦鳞游泳，群群麻鸭浮在水中，有的昂首朝天歌，有的红掌朝天，伸颈在水中觅食。阳光照耀下，山峦、藤树、游人、车辆的倩影映入水中，民房、山庄、酒楼掩盖在茂密的森林里、河道旁，形成一幅幅优美的画卷。正是：

清流环着青山绕，古树伸臂村庄抱。
鹅鸭成群浮绿水，水族万类戏河藻。
农夫耕耘沃野上，游客观光涌如潮。
天然画卷看不尽，江山多娇民富饶。

8点30分，轿车驶进阿科，我们下车直奔关秧门的主会场。此时已是人山人海，大家都穿着节日盛装，洋溢着祥和的自豪笑脸。

关秧门这一民间节日习俗的由来，还得从远古说起。相传在很久以前的一天，天空晴朗，春暖融融，中午过后，有两朵祥云漫漫从东方飘来，飘到九龙山上空。突然闪电雷雨交加，只见两条大青龙降落在九龙山中的一片沼泽地里打滚形成滩。青龙飞走后，在滩里长出似草非草的秧苗来，金秋时节，这些草结出金灿灿的颗粒来。青龙托梦给村民说："这叫稻谷，是上苍馈赠给人类的粮食。"要这里的人们予以种植，并且把种子传送到全世界，供人类食用。于是，世界上的第一粒稻谷产生了，人们称青龙打滚过的地方为神田，每年都要祭祀神田。2018年，在阿科村附近的大阴洞内出土了碳化稻谷，经化验，确实是4000多年前的产物，有力地证实了广南是最早种植水稻的地方之一。据传北宋年间，壮族英雄侬智高在广西起义失败后，退入特磨道驻扎在阿科。他带来了先进的种植技术，教会壮民怎样耕田，怎样育秧，怎样施肥，于是稻谷产量提高，人们再也不愁粮食不够吃。为了感谢侬智高，壮族人民每年栽秧前要进行一次开秧门活动，秧栽完后，又要举行一次关秧门活动。

开秧门和关秧门的当天，全村人要集体杀猪、鸡、鸭蒸紫糯米饭祭献。相传，杨文广的大军压境，壮民们杀猪犒劳侬智高军队，为争取时间，侬军等不到猪肉煮熟，饭蒸好就用猪血拌半生半熟的饭吃了好上路。猪血拌进饭里是紫红色，后来人们别出心裁，用一种紫色植物水泡糯米蒸饭，来表达情感并沿袭至今。

开秧门的当天，要下田象征性插秧。关秧门的这一天，则是全村停下农活来搞祭祀活动。通常为早上起来，全村老少集于老人厅，杀猪鸭、煮饭、烧香、磕头、念祭文，然后举行游行活动，耍龙、舞狮、跳舞、对歌一整天。关秧门后，进行中耕管理至秋收。

在壮乡阿科，有古老的历史传说，有优良有趣的民风民俗，但也存在一些旧时的陈规陋习。比如，青年男女结婚要大操大办，老人过世要搞繁杂的安葬仪式。很多家庭，即使原有家底比较殷实，但碰到这些事办过后，会变得很穷。中国的改革开放，使人们认识到，要脱贫致富奔小康，非得改掉那些陈规陋习。今年关秧门的主题是“启动移风易俗助力扶贫攻坚试点工作”。正是：

欢欣锣鼓震天响，壮乡儿女喜洋洋。
高举旗帜除陋习，移风易俗心向党。
助力扶贫作试点，团结奋进奔小康。
今日召开启动会，将来阿科必富强。

阿科土地肥沃，民风朴实，物产丰富，还蕴藏着丰富的旅游资源，自然景观和人文景点比比皆是。祭祀活动结束后，村支书、主任带我们参观了墨线山、王子山、多门洞、科岩马迹、歌仙坟等景观。

春游坝美

梁正翔

三月的南疆，柔情似水，浪漫如风。寒烟翠柳，朦胧中，远山含黛，惹人爱怜；碧空暖阳，明媚时，江山如画，令人欣喜。漫步在三月的南疆，抖落几许晨露，沐浴一片春光，我的心，顿时如羽毛般轻盈、明亮。小桥流水间，有春风吟唱；蜻蜓蛱蝶处，有芳菲吐香。南疆的三月，满眼芬芳，我的心，顿时如脱笼之鹄，自由舒畅。

这时，我不禁想到了“踏青”两个字，感觉它特别的富有诗意。你想啊，择一春和日丽的日子，邀上三五个好友，青衫红衣，移步郊外，踏青弄花，曲水流觞，多么的诗意盎然。抑或，择一个烟雨迷蒙的日子，寻一方僻幽之处，撑一把小雨伞，带上你的爱人，漫步在开满鲜花的小径，聆听鸟语，轻捻花香，那是多么浪漫的事情。这个“踏”字，颇具匠心，显得轻柔又舒适。

也许，是蜷缩在冬的角落里太久了吧，也许，是蜗居在小县城太憋闷了吧，我的身体有些倦怠，心早已发霉，思想也早已被禁锢。我在心里琢磨着，也许像古人那样去“踏青”，说不定会有意想不到的收获呢。前几日，听朋友说，坝美的油菜花开了，而且比去年开得更早、更艳，这或许是前段时间天气特别好的缘故吧，现在正是赏油菜花的好时节。朋友的一席话，让我原本犹疑的心，变得蠢蠢欲动起来，好似心中有头小鹿在奔跑，这种迫切和兴奋的感觉，让我不能自已。从此，我开始关注起有关坝美油菜花的消息，希望趁着好时光去看看，体验一把“踏青”的乐趣。

终于等来了机会，周末，几位文友邀我一起去坝美看油菜花。于是，我欣然前往。那天，天高云淡，惠风和煦，乘车、步行，我们一路欢歌，来到了坝美进村的出水洞前。

从出水洞村进入坝美村，需穿过幽长的水洞方可入村。乘船穿过幽深的水洞，突见地势豁然开朗，形成别有洞天的优美境地，山坡上，古榕翠竹间坐落着一个壮族村落。村落依山傍水，是一个淳朴自然的壮族村寨，房舍散布在面向西南的山坡上，由一株株巨大的榕树覆盖，炊烟袅袅，若隐若现。村民沿河修造设置的水车和阡陌纵横的田畴，构成了一幅幽奇、秀丽、自然的山水画卷。整个村落隐匿在一个南北流向“Z”字形的河谷中，河谷两端的山洞与中间的坝子，天然形成了陶渊明笔下“世外桃源”自然地貌景观。

坝子中间发源于九龙山的驮娘江蜿蜒向北，款款流去；河畔，树林阴翳；周围，连绵的群山，逶迤而前，让人生出无限遐想。在这山水之间，安放着一片金黄。驻足在田间地头，欣赏着“清风吹拂金波涌，飘溢醉人浓郁香”“穿花蛱蝶深深见，点水蜻蜓款款飞”的美景，真是心旷神怡，美不胜收。

行走在田畴间石板铺就的游道上，只见游人如织，北调南腔，熙熙攘攘，好不热闹。拍照留影，这是必需的项目。这不，同行的“老摄”哥拿出了单反，“咔嚓、咔嚓”，一张张笑脸，一幅幅美景，在相机里珍藏。“阿仙”姐披上纱巾，摆个姿势，心儿在春风里飘荡。“小猴”弟捉一只蜻蜓，追两只蝴蝶，童心在花香里徜徉。“鼎”哥一副沉思的表情，应景诗或是优美散文，恐怕早已酝酿。忽然，淳朴的村民，送来了酸萝卜、甜醋姜和花糯饭，顿时，心里充满了温暖。至于观壮家手巾舞，喝壮家手工茶，更是让人流连忘返。

赏完了油菜花，再去农家乐坐坐，点上山蕨、水芹、雷公菜，还有烟熏的腊肉、放养的土鸡、野生的河鱼，再要上一壶壮家自酿小锅酒，细细品，慢慢喝，真有“莫笑农家腊酒浑”的美妙意境。

回返路上，我一路畅想，仍然沉浸在“菜花间蝶也飞来，又趁暖风双去”的自由和畅快之中。我想，“世外桃源”坝美的旅游，前程似锦。也许，在不远的将来，油菜不再是父辈赖以生存的东西，它将成为坝美村又一道独特的风景。

六郎城地名的由来

曾昭富

2022 年 8 月初秋，天高气爽，艳阳高照，陪同远来之友游览广南县杨柳井乡传奇的六郎城。

六郎城，是一个百余户壮民聚居在大山之中的自然村。

游览中，朋友们好奇地问：一个大山之中的村寨为什么称“城”？说来还有一个历史故事呢！“城”是“城墙以内的地方”。

然而，此村为何称“城”呢？

那是北宋庆历二年至皇祐四年（1042—1052 年），与特磨道（今云南广南县）相邻的广西安德州（今广西靖西县安德镇），出现一支农民起义军，其首领叫侬智高。

北宋皇祐五年（1053年）一月，宋廷派枢密院副使狄青，率三万军队到广西镇压侬智高领导的农民起义军，杨六郎（杨延昭）之子杨文广随狄青南征，于昆仑关（今广西宾阳县西南）打败侬智高后，狄青回朝廷，杨文广镇守广西。

侬智高兵败后，退至其继父侬夏卿为首领的特磨道。

朝廷为继续追剿农民起义军，于至和二年（1055年）命杨文广、杨元卿、肖注率宋军进入特磨道及周边地区。

侬智高为抗击宋军，在广南城东18千米处的宝月关设立公署，以“一夫当关，万夫莫开”的宝月关阻击宋军。清道光《广南府志》载：“宝月关，关三重，连山峭壁，石磴嵯峨。第一关尤为险峻，乃郡城扼要之区也，昔侬氏筑关于其上，关内有公署，今俱废，特置瞭望楼三间，瞭望远近，以防奸宄。”

杨文广率部至西洋江东时，正是六月雨季汛期，来自北方的宋军将士多不习水性，面对江水激流险境和侬智高部在西岸据险死守，宋军多次渡江受挫，无奈在江东等待江水回落，故在明代所著《五虎平南》一书中载有“久困西洋”的战斗故事。

到了秋七月，江水逐渐回落，宋军强渡西洋江成功后，乘胜追击侬军。侬军退守宝月三关，宋军追击到杉木桥村时，在当地向导引领下进驻居高临下、易守难攻的营上村（今六郎城），在此策划、指挥攻打“三关”的战斗。侬军据险与宋军进行了多次激战，战斗十分惨烈悲壮。宋军攻破“三关”后，广南城东已无“险”可守，宋军直取广南城，侬智高败走大理后不知所终。故在《五虎平南》中又写下了“三打宝月”的传奇战斗故事。

由于这一战争，广南出现了“六郎城”之名。六郎城的得名，一是杨文广是杨六郎之子；二是该村地势险要，只有一条小路进出，且村的四周悬崖峭壁，犹如城墙包围而称“城”。

话说至此，意犹未尽有余言：

五虎平南明书载，记录宋军到广南。
六郎城里话六郎，实为六郎之子杨文广。

参考文献

[1] 辞海（第六版）. 上海：上海辞书出版社，2010.

[2] 四海作家看世外桃源 . 呼和浩特：远方出版社，2002.

[3]（清）李熙龄 . 广南府志（四卷）. 光绪补刻本，1905.

[4] 云南省广南县地方志编纂委员会 . 广南县志 . 北京：中华书局，2001.

[5] 张明芳等 . 句町神韵 . 昆明：云南大学出版社，2011.

[6] 广南县人民武装部编委会 . 广南县军事志 . 文新出内准印字（2012）12 号，2012.

[7] 云南省广南县民族宗教编委会 . 广南县民族宗教志 . 文新出内准印字（2014）12 号，2014.

[8] 曾昭富 . 广南沧桑 . 香港：中国国际文化出版社，2016.

[9] 曾昭富 . 心意诗语 . 香港：中国国际文化出版社，2016.

[10] 夏云华 . 广南县政区简史 . 内部交流资料 .

[11] 坝美 . 内部资料准印号（53）Y000082.

[12] 西洋江（第一期）. 云南传媒，2016.

[13] 广南县民族宗教局内部统计资料 .

[14] 广南县旅游局内部统计资料 .

[15] 广南县坝美镇内部统计资料 .

[16] 尤中 . 中国西南民族史 . 昆明：云南人民出版社，1985.

后 记

为积极响应融入国家和云南省发展战略的要求，为繁荣社会主义文化和加快云南民族文化强省建设做出应有的努力，云南民族大学民族研究所组织项目入选单位所在地专家编撰了《云南民族文化保护传承与创新发展“双十”工程丛书》。云南民族大学高度重视丛书编撰工作，专门组成编委会，对丛书的编写提出明确的要求，对基本原则和内容构架等提出了指导性意见，对丛书出版提供全方位的支持。本丛书的出版获得2016年中央财政支持地方高校发展专项资金资助，得到云南民族大学党政领导和相关职能部门、民族出版社领导和编辑的积极帮助，丛书各承担单位、主撰者及当地政府的大力支持。本丛书编撰中借鉴和参考了国内有关的成果，在此，一并致以衷心的感谢！

2016年岁尾，为了完成《壮乡世外桃花源——云南省文山壮族苗族自治州广南县坝美镇坝美村》一书的写作，广南县民族宗教局聘请退休专家曾昭富为主编、夏云华和云南民族大学王山山为副主编。为积极配合书稿编写，广南县民族宗教局又立即派出在职人员深入坝美村及其景区辐射各点进行社会调查，认真查阅历史档案，访问耄耋老人，召开各村寨领导小组座谈会，把每个问题都调查清楚。历经四十多天的日夜耕耘，这部时跨古今、展现坝美民族历史、承前启后、创新发展的《壮乡世外桃花源——云南省文山壮族苗族自治州广南县坝美镇坝美村》终于成功编纂成册，这是广南民族历史文化建设中一件可喜之事。同时，我们坚信，民族文化的保护传承与创新发展是一件惠及子孙的事，有益社会的事，它将起到资治、教化、存史的作用，特别是对本地人认识自己，外地人了解坝美，发展坝美有着重要的意义。

在广南县委宣传部的支持下，在广南县民族宗教局的组织领导下，经过多方协作努力，该书终于付梓。本书主要由曾昭富、夏云华两位离退休专家撰写，云南民族大学王山山协助编辑。此外，夏云华摄影，曾昭富和广南县文联主席兰天明及广南县旅游局提供部分图片，云南民族大学李若青教授为学术指导人。该书在开展社会调查、研究、撰写、出版过程中得到云南民族大学、云南民族干部学院、广南县委宣传部、广南县文学艺术界联合会、广南县旅游局、广南县地母文化办公室、广南县文广体局、广南县档案局、广南县发改局、广南县坝美镇党委政府以及坝美镇坝美、普千、底先等村小组的帮助和支持，同时坝美村的黎尚国及县民族宗教局的季浪、李鸿聪、罗少帅、谢蔷薇、唐仕娇为本书收集资料、打印初稿、校对，胡英俊日夜为本书排版、制图等，付出了很大辛劳，在此一并表示感谢。

本书的编撰工作得到了广南县委、县政府的高度重视和大力支持，倾注了编辑和撰写人员的大量心血和汗水。但字斟句酌间纰漏在所难免，加之我们的编写水平有限，不足之处也在所难免，定有遗珠和粗糙之憾，敬请读者见谅，也请专家学者斧正赐教为谢！

编纂委员会

2017 年 6 月

图书在版编目（CIP）数据

壮乡世外桃花源：云南省文山壮族苗族自治州广南县坝美镇坝美村 / 曾昭富执行主编；夏云华，王山山副主编 .-- 北京：民族出版社，2022.9
（云南民族文化保护传承与创新发展“双十”工程丛书 / 段钢主编）
ISBN 978-7-105-16767-8

Ⅰ．①壮… Ⅱ．①曾… ②夏… ③王… Ⅲ．①乡村—文化史—广南县 Ⅳ．① K297.45

中国版本图书馆 CIP 数据核字 (2022) 第 174440 号

壮乡世外桃花源：云南省文山壮族苗族自治州
广南县坝美镇坝美村

责任编辑：石朝慧
封面设计：刘福勤
出版发行：民族出版社
地　　址：北京市和平里北街 14 号
邮　　编：100013
电　　话：010–64228001（汉文编辑二室）
　　　　　010–64224782（发行部）
网　　址：http://www.mzpub.com
印　　刷：北京盛通印刷股份有限公司
经　　销：各地新华书店
版　　次：2023 年 7 月第 1 版　2023 年 7 月北京第 1 次印刷
开　　本：640 毫米 ×960 毫米　1/16
字　　数：215 千字
印　　张：16.25
定　　价：76.00 元
书　　号：ISBN 978-7-105-16767-8/K・2898（汉 1669）

该书若有印装质量问题，请与本社发行部联系退换